제대로 역사 공부 ❷

초등 고학년과 중학생을 위한 역사 이해 프로젝트

교과서가 쉬워지는

역사 용어

조선시대~일제강점기

정상우 지음

소울에듀
...soul education...

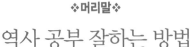

역사 공부 잘하는 방법

20년 넘게 역사와 논술로 아이들을 만났습니다. 그런데 아이들이 국어뿐만 아니라 역사에서 가장 어려워하는 것은 역사 어휘 즉 '용어'였어요. 용어에 대한 이해가 부족하다보니 특정 낱말이 사람이름인지, 관직이름인지, 지역이름인지 구분을 하지 못해 제대로 이해를 못하는 경우가 많았어요.

인물 또한 이름은 들어보았지만 그 인물이 어느 시대에, 어떤 내용으로 활약했는지 알지 못해 제대로 이해를 못하는 경우 역시 많았지요. 역사에 기록된 인물은 그 시대가 안고 있었던 문제를 해결하는 데 기여한 사람이에요. 인물의 활약상을 보면 그 시대를 이해하는 바탕이 되는 거죠.

이처럼 역사 용어와 인물은 역사와 시대를 이해하는 밑바탕이 됩니다. 영어 공부를 시작할 때 단어 외우기에서 시작하듯 역사 공부도 용어와 인물 알기에서 시작해야 해요. 이 책은 이러한 문제의식에서 출발했습니다.

현재 초등 사회 역사파트에서 다루고 있는 용어는 500여 개, 인물은 100여 명. 중등과정은 출판사별로 조금씩 차이가 있기는 하지만 용어가 550개 내외, 인물은 160명 내외입니다. 초등과정에 비해 중등과정은 용어에서는 정치 및 사회 제도, 인물에서는 근현대사 인물이 보다 자세히 다뤄지고 있어요.

용어와 인물 선정은 교과서를 바탕으로 했고, 초등과 중등 교과과정에서 나오는 용어와 인물 가운데 역사 이해에 필요한 용어와 인물은 대부분 다뤘어요. 초등교과서는 기존 교과서와 2015년 교육과정에 맞춰 나온 것을 모두 참고했으며, 중등은 미래엔, 금성출판사, 천재교육, 비상교육에서 나온 교과서를 참고했습니다.

〈교과서가 쉬어지는 역사 용어〉는 선사시대부터 일제강점기까지 다루고 있습니다. 시대구분은 '선사시대 – 고조선 – 부족연맹국가 – 삼국시대 – 남북국시대 – 후삼국시대 – 고려시대 – 조선시대 – 일제강점기' 순으로 했으며 용어 및 인물도 이 순서에 맞춰 분류했어요. 조선 말기에 대한제국으로 바뀌었지만 활동한 인물이나 용어 등이 겹치고, 이어지는 경우가 많아 따로 구분하진 않았습니다. 그리고 조선전기와 후기의 구분은 병자호란 이후를 조선후기로, 조선시대와 일제강점기의 구분은 을사늑약을 기준으로 했습니다. 을사늑약 이후에 주로 활동한 인물은 일제강점기에 포함되어 있습니다.

세부 구성에 나오는 '용어 pick'은 초등과정에서 다뤄지고 있는 용어를 시대별로 분류한 것이에요. 먼저 어떤 용어들이 나오는지 눈으로 익힌 다음, '용어 사전'에서 설명에 맞는 용어를 찾아 쓰도록 했어요. '용어 비교'는 초등과정에서 다뤄지는 용어와 중등과정에서 다뤄지는 용어를 비교하여 공통적으로 쓰이는 용어는 무엇이고, 다르게 수록된 용어는 무엇인지 알 수 있도록 정리한 것이에요. 그리고 중등과정에서 나온 용어들 역시 '용어 사전'으로 설명을 덧붙였어요. '용어 확인'은 '용어 사전'에 나왔던 내용을 되짚어보도록 했으며 '용어 활용'은 문장에 잘못 쓰인 용어를 바로잡고, 제시한 용어를 이용하여 문장을 만들면서 익히도록 했어요. 마지막으로 일기를 통해 그 시대를 상상해 보도록 구성했습니다. 또한 각 시대가 끝나면 그 시대에 활약한 인물을 모아 용어와 같은 형식으로 구성했습니다. 1권은 선사시대부터 고려시대까지, 2권은 조선시대부터 일제강점기까지를 다루고 있습니다.

재미있는 역사 이야기도, 유물·유적 사진 한 장 없는 책이지만 역사 공부를 쉽게 하기 위한 과정, 역사책을 재미있게 읽기 위한 과정이라 여기고 꼼꼼히 하나하나 익혀나가길 바랍니다.

정상우

❖ 차례 ❖

역사 공부 잘하는 방법

❖이 책을 공부하는 법❖

노출과 반복으로 역사 용어에 익숙해지기!

1. 용어 Pick

학습할 역사 용어를 한 자 한 자 찬찬히 들여다보며 소리 내어 읽기.

2. 용어 사전

뜻풀이를 먼저 읽고 보기를 참고하여 해당하는 용어를 찾아 쓰고 뜻 익히기.

3. 용어 확인

예시문에 알맞은 용어를 찾아 쓰면서 용어의 의미 이해하기.

4. 용어 활용

학습한 용어를 내 것으로 만들기 위해 폭넓은 상황에 적용 및 활용하기.

*역사 인물도 같은 형식으로 구성했습니다.

조선전기 I

❖용어 pick

간의, 의병, 상민, 서당, 양반, 소학, 암문, 조선, 중인,
호패, 조총, 종묘, 한양, 투호, 서원

용어 사전

16세 이상 성인 남성에게 발급한 신분증명패이다. 조선 3대 임금 태종 때 제정된 법률에 따라 당시 성인 남성은 항상 가지고 다녀야 했다. 오늘날 주민등록증과 비슷한 신분증으로, 신분에 따라 쓰인 내용과 만든 재료가 달랐다.

조선시대 역대 왕과 왕비의 위패를 모시고 제사 지내는 사당이다. 정전과 영녕전 그리고 이름난 신하들의 위패를 모신 공신전 등으로 이루어져 있다. 좌묘우사 원칙에 따라 경복궁의 왼쪽에 위치해 있다.

조선시대 세종 임금 때 만들어진 천문관측기구이다. 하늘의 행성을 관측하기 위해 만든 것으로 혼천의를 보완해 만든 것이다.

소년들을 가르치기 위해 만든 유학 기본서이다. 소년들을 공부시켜 깨달음을 얻을 수 있도록 한 내용으로 우리나라에서는 향교, 서원 등에서 필수교재로 사용되었다. 일상생활에서 지켜야 할 예의범절, 충성스런 신하와 효자를 소개하는 내용 등을 담고 있는 책이다.

조선시대 초등교육을 담당한 교육기관이다. 상민, 중인, 양반 모두 다닐 수 있었으며 가르치는 선생님을 훈장이라고 불렀다. 수업료는 1년에 쌀 한 섬으로 약 144킬로그램이었다고 한다.

고려 말기 신흥무인세력 대표 주자였던 이성계가 신진사대부와 힘을 합쳐 세운 나라이다. 이 나라는 유교를 국가 이념으로 삼고, 개경을 떠나 한양을 새로운 도읍으로 정했다.

일본이 조선을 침략한 임진왜란 때 일본군이 사용한 신무기이다. 포르투갈이 일본에 전해준 것을 개량해서 사용했다. 날아다니는 새를 쏘아 맞출 수 있다는 뜻으로 조총이라고 이름 지어졌다. 사정거리는 약 50미터~100미터였다고 한다.

다른 나라의 침략을 받았을 때 방어를 위해 정식군인이 아닌 백성들이 스스로 만든 군대이다. 임진왜란, 병자호란 등 나라가 위기에 빠졌을 때 나라를 지키는 큰 역할을 했다.

길쭉한 항아리를 일정한 거리에 놓은 다음, 화살을 던져 그 속에 들어간 개수로 승부를 가리는 전통놀이이다.

비밀문이라는 뜻이다. 전쟁이 일어나거나 긴급한 상황이 발생했을 때 사용할 수 있도록 만든 문이다. 출입할 수 있도록 문은 만들었으나 일반인이나 적이 알지 못하도록 누각을 세우지 않고 만들었다.

문신관리인 문반과 무신관리인 무반을 합쳐서 부르는 말이다. 하지만 점차 지배층 전체를 부르는 말이 되었으며, 아버지와 어머니 모두 이 신분인 경우에 자녀들도 신분을 이어갔다.

양반과 상민의 중간에 있던 신분을 말한다. 이들은 주로 의학이나 법률, 통역 등 전문직에 종사하거나 관청에서 낮은 직급의 관리로 일했다.

평민과 같은 말이며 양반과 중인 아래에 위치한 일반 백성을 부르는 말이다. 이들보다 아래에는 천민이 있었다. 이들은 대부분 농업에 종사하는 농민이었고, 상업에 종사하는 상인, 물건을 만드는 수공업에 종사하는 공인 등이 속했다.

한강의 북쪽이라는 뜻으로 서울의 옛 이름이다. 한반도의 중앙으로 교통이 편리하고 방어에 유리해 새로운 나라 조선의 수도로 정해졌다.

조선시대 고등교육을 담당한 교육기관이다. 오늘날 사립대학과 비슷한 곳으로 유교 선현에게 제사를 지내고 인재를 양성하기 위한 목적으로 지방에 만들어진 교육기관이었다. 지금까지 남아있는 소수○○, 병산○○, 도산○○ 등이 유명하다.

	초등	중등
공통 수록	의병, 소학, 간의, 상민, 양반, 조선, 호패, 중인, 한양, 조총, 종묘, 서당, 서원	
개별 수록	암문, 투호	백정, 사림, 삼사, 육조, 향약, 환곡, 삼포, 사화, 붕당, 경연, 방납, 사초

용어 사전

왕과 신하들이 모여 공부하는 시간이다. 왕이 어린 경우에는 유교경전을 중심으로 왕을 교육시키는 데 중점을 두기도 했다. 왕에 따라 경전 공부, 정치문제 논의 등 중점을 두는 것이 조금씩 차이가 나기도 했다.

고려 말 조선 건국에 반대하며 관직을 내려놓고 지방으로 내려가 성리학을 연구하던 학자들을 계승한 사람들이다. 향촌자치, 왕도정치, 왕권과 신권의 조화 등을 주장했다. 성종 임금 때부터 사간원, 사헌부, 홍문관의 삼사를 중심으로 중앙정계에 진출하기 시작했다.

향촌규약의 줄임말이다. 좋은 일은 서로 권하자는 덕업상권, 잘못된 일은 서로 꾸짖는 과실상규, 예의 바른 풍속으로 서로 교제하자는 예속상교, 어려운 일은 서로 돕자는 환난상휼 등 4개 덕목을 내세웠다. 조광조가 중국에서 들여와 소개한 뒤 이황과 이이가 우리나라 실정에 맞게 수정하여 널리 보급했다.

학문과 정치적 입장을 함께하는 사람들이 모여 만든 정치집단이다. 오늘날 정당과 비슷한 의미로 사림이 정권을 잡고 난 뒤 이조전랑 임명 문제를 놓고 동인과 서인으로 나뉜 것이 시작이다.

사림이 화를 입었다는 뜻이다. 성종 때부터 사림세력이 중앙정계에 진출하여 기존에 권력을 쥐고 있던 훈구세력을 견제하자 훈구세력의 공격으로 사림세력이 피해를 입은 것이다. 무오○○, 갑자○○, 기묘○○, 을사○○를 4대 ○○라고 한다.

정부가 가난한 백성을 돕기 위해 시행한 빈민구제책이다. 정부가 가지고 있던 곡식을 흉년이 들거나 식량이 부족한 백성들에게 봄에 빌려주고, 가을에 수확한 하면 이자를 조금 붙여서 되돌려 받는 방식이었다. 하지만 조선후기에는 관리들이 강제로 빌려주고 높은 이자를 붙여 돌려받는 방식으로 백성을 수탈하기도 했다.

특산물을 세금으로 내는 공납을 지방 관리나 상인들이 비용을 받고 대신 납부하는 것이다. 조선시대 양인은 크게 토지에 대한 세금인 전세, 공납, 노동력을 제공하는 역, 3가지를 부담했다. 이 가운데 공납은 나라에 필요한 특산물을 지역별로 나누어서 내도록 한 것이다.

실록 편찬의 기초 자료이다. 역사적 사실을 사관들이 매일매일 기록한 자료로 왕이 승하하고 난 뒤 편찬하는 실록의 기초자료로 삼았다. 실록을 편찬하기 전까지는 작성한 사관 이외에는 볼 수 없었으며, 실록을 편찬하고 나면 없앴다.

조선시대에 언론기관 역할을 한 관청인 사헌부, 사간원, 홍문관을 합쳐서 부르는 말이다. 사헌부는 관리감찰, 사간원은 정책의 잘못을 따지고 홍문관은 경연을 담당했다. 이들은 정책을 공론화하여 국왕 및 신하들의 권력독점을 견제하는 역할을 했다.

조선으로 건너오는 일본인들을 통제하기 위해 만든 지역이다. 오늘날 부산지역인 부산포, 진해지역인 제포, 울산지역인 염포 등 세 곳에 일본인들이 출입하는 것을 허락하고, 교역을 할 수 있도록 허가해 준 지역을 말한다.

의정부 밑에서 실무를 담당하던 중앙정치기관이다. 관리들의 인사를 담당하는 이조, 재정을 담당하는 호조, 외교를 담당하는 예조, 국방을 담당하는 병조, 형벌을 담당하는 형조, 건축을 담당하는 공조로 이루어졌다.

조선시대에 가축을 도살하고 판매를 하면서 생계를 이어갔던 사람들을 부르던 명칭이다. 고려시대에는 일반백성을 부르던 명칭이었으나 조선시대에는 도살업에 종사하며 천민 취급을 받았던 사람을 부르는 명칭으로 바뀌었다.

상민, 양반, 의병, 조총, 종묘, 중인, 호패, 서원

1 조선 3대 임금인 태종 때부터 16세 이상 성인 남성에게 발급한 신분증명패인 (　　　　)는 오늘날 주민등록증과 비슷한 신분증이다. 인구조사를 통한 세금 징수, 군역부과 자료를 확보하기 위한 목적으로 만들었다.

2 조선시대 역대 왕과 왕비의 위패를 모시고 제사지내는 사당인 (　　　　)는 정전과 영녕전 그리고 이름난 신하들의 위패를 모신 공신전 등으로 이루어져 있다. 좌묘우사 원칙에 따라 경복궁의 왼쪽에 위치했다.

3 일본이 조선을 침략한 임진왜란 때 일본군이 사용한 신무기였던 (　　　　)은 포르투갈이 일본에 전해준 것을 개량해서 사용했다. 날아다니는 새를 쏘아 맞출 수 있다는 뜻으로 붙여진 이름이다.

4 나라가 다른 나라의 침략으로 어려울 때 정식군인이 아닌 백성들이 스스로 조직하여 싸웠던 군대 또는 거기에 속한 병사를 (　　　　)이라고 한다. 임진왜란, 병자호란 등 나라가 위기에 빠졌을 때 나라를 지키는 데 큰 역할을 했다.

5 양반과 중인 아래에 위치한 일반 백성을 부르는 말인 (　　　　)은 평민과 같은 뜻이다. 대부분 농업에 종사하는 농민이었고, 상업에 종사하는 상인, 물건을 만드는 수공업에 종사하는 공인 등이 속했다. 이들보다 아래에는 대부분 노비인 천민이 있었다.

6 양반과 상민의 중간에 있던 신분인 (　　　　)은 주로 의학이나 법률, 통역 등 전문직에 종사하거나 관청에서 낮은 직급의 관리로 일했다.

7 문신관료인 문반과 무신관료인 무반을 합쳐서 부르는 말이 (　　　　)이다. 하지만 점차 지배층을 부르는 말로 굳어졌으며, 아버지와 어머니 모두 이 신분인 경우에 자녀들도 신분을 이어갔다.

8 유교 선현에게 제사를 지내고 인재를 양성하기 위한 목적으로 세운 (　　　　)은 오늘날 사립대학과 비슷한 곳으로, 지방에 만들어진 유교 교육기관이다.

● 다음 밑줄 친 용어를 상황에 맞게 고쳐 쓰세요.

1 <u>향교</u>는 조선시대 초등교육을 담당한 교육기관이다. 상민, 중인, 양반 모두 다닐 수 있었으며 가르치는 선생님을 훈장이라고 불렀다.

_____

2 <u>마패</u>는 조선시대 16세 이상 성인 남성에게 발급한 신분증명패이다. 오늘날 주민등록증과 비슷한 신분증으로, 당시 성인 남성은 항상 가지고 다녀야 했다.

_____

3 <u>사직</u>은 조선시대 역대 왕과 왕비의 위패를 모시고 제사지내는 사당이다. 정전과 영녕전 그리고 이름난 신하들의 위패를 모신 공신전 등으로 이루어져 있다.

_____

● 〈보기〉에 나오는 용어를 3개 이상 넣어 문장을 만들어 보세요.

> **보기** 조선, 상민, 양반, 중인, 호패

_____

_____

> **보기** 서당, 서원, 소학, 사림, 붕당, 사화

_____

_____

● 다음 빈칸에 적당한 용어를 넣어 일기를 완성해 보세요.

> 우리 마을에 (   )이 생기면서 나도 다니게 되었다. 훈장님이 엄하고 무섭게 보이지는 않았는데, 아직은 잘 모르겠다. 첫 수업을 하고 나니 가슴이 답답하다. 부모님은 내가 글공부를 시작하자 잘 하기를 바라는 눈치인데. 집안일도 도와야 하고 예습과 복습도 해야 하고, 제대로 따라갈 수 있을지 모르겠다. 다른 학생들은 모두 나보다 잘 하는 것 같았는데. 휴, 새로운 시작 쉽지만은 않다.

조선전기 2

보신각, 천자문, 숭례문, 경복궁, 혼천의, 집현전, 숙정문, 측우기, 자격루, 거북선, 판옥선, 사직단, 창덕궁, 고증학, 성리학, 사대부, 호패법, 경운궁, 통신사

용어 사전

조선시대 기본 전투함인 판옥선 위에 덮개를 씌우고 거북 모양으로 만든 배이다. 나대용이 설계했다. 임진왜란 당시 3척이 만들어져 수군이 왜군을 상대로 해전에서 승리하는 데 큰 역할을 했다.

토지신 '사'와 곡식신 '직'에게 제사 지내기 위해 마련한 제단이다. 유교 국가에서는 정궁을 기준으로 좌묘우사 원칙에 따라 왼쪽에 왕실사당인 종묘를, 오른쪽에 이것을 설치했다.

조선이 건국되면서 새로운 수도 한양에 만들어진 정궁이다. 이름은 정도전이 왕조의 큰 복을 빈다는 의미를 유교경전인 시경에서 가져와 지었다. 임진왜란 때 불탄 것을 고종 임금 때 흥선대원군이 다시 지었다.

한양도성을 만들고 출입하기 위해 만든 4개의 대문 가운데 북쪽으로 난 문이다. 하지만 산 중턱에 위치하여 길이 험하고 이용하는 사람도 거의 없었다. 그리고 풍수지리상으로도 좋지 않다고 하여 계속 닫아 두었다.

종을 매달기 위해 지은 건물이다. 조선 건국 세력은 유교 이념인 인, 의, 예, 지, 신 가운데 한 글자씩 넣어 4대문 이름과 중앙에 세운 종각 이름을 지었다. 종각에는 종을 매달아 새벽 4시에 33번, 저녁 10시에 28번을 쳐서 성문을 열고 닫는 시간을 알렸다.

중국 청나라 때 유행한 학문이다. 옛날 책을 연구해 오늘날 이야기되는 내용이 실제 문헌에서 확인할 수 있는 것인지 증명하는 방식이다. 명나라 때는 아는 것을 행동에 옮기는, 지식과 실천의 일치를 강조한 양명학이 유행했다.

3대 임금 태종 때 16세 이상 남자들에게 호패를 착용하도록 했던 법이다. 전국의 인구를 파악하고 세금을 거두는 데 이용할 목적으로 시행되었다. 호패는 오늘날 신분증과 비슷한 것으로 이름, 생년월일, 출생지 등이 적혀 있다.

한양도성에 만든 4개의 대문 가운데 남쪽으로 난 문이자 정문이다. 2008년 화재로 불에 탄 것을 다시 복원했다. 남쪽에 위치하고 있어 남대문으로도 불린다.

세종 임금 때 장영실이 만든 물시계이다. 물을 이용하여 시간을 측정하고 자동으로 시간을 알려주었다. 해가 있어야 시간을 측정할 수 있었던 해시계의 단점을 보완해 야간에도 시간을 알 수 있었다.

하늘에 있는 행성의 위치와 움직임을 측정하던 천문관측기기이다. 삼국시대부터 만들어 사용했을 것으로 추정하고 있으며 세종 임금 때 만든 것이 지금까지 전해지고 있다. 우리나라뿐 아니라 다른 나라에서도 만들어 하늘의 움직임을 관측했다.

13대 임금 명종 때 정걸 장군의 아이디어로 새롭게 만들어진 전투선이다. 2층으로 이루어졌고, 대포를 많이 장착할 수 있어 수군의 주력 전투함으로 자리 잡았다. 여기에 덮개를 씌워 만든 것이 거북선이다.

세종 임금 때 만든 비가 온 양을 측정하는 기구이다. 높이는 32센티미터, 지름은 15센티미터인 철로 만든 원통이다. 비가 그치면 비가 내린 시간과 함께 고인 빗물의 양을 측정하여 기록했다.

천 글자로 이루어진 초급용 한자교과서이다. 4글자씩 250구로 이루어진 한자시이다. 겹치는 글자가 한 글자도 없다.

3대 임금 태종 때 경복궁에 이어 두 번째로 지은 궁궐이다. 임진왜란 때 경복궁과 함께 불에 탔으나 먼저 복원되어 한동안 정궁역할을 했다. 현재까지 남아있는 조선시대 궁궐 5개 가운데 유일하게 유네스코 세계문화유산에 등재되어 있다.

조선 전기에 있었던 학문 연구 기관이다. 세종 임금이 기존에 있던 것을 확대 개편해 정책연구기관으로 삼았다. 하지만 계유정난으로 왕위에 오른 세조 임금이 폐지했다. 이후 되살리지 않았고 성종 임금은 비슷한 성격의 홍문관을 설치했다.

유교경전을 공부하고 과거에 합격하여 관직에 오른 문신 관리를 부르는 말이다. 중국 송나라에서 성리학을 기반으로 세력이 강해졌으며 우리나라에서는 고려말 힘이 강해져 조선건국 주도세력이 되었다.

중국 남송의 주희가 집대성한 유교의 새로운 버전이다. 사람의 성품과 우주 만물의 원리 등을 연구하는 학문으로 우리나라에는 고려 말 안향에 의해 소개되었다. 조선 건국 주도 세력인 신진사대부가 받아들여 조선의 지배 이념으로 자리잡았다.

조선시대 궁궐로 덕수궁의 옛날 이름이다. 임진왜란 당시 한양을 떠났던 선조가 다시 돌아왔지만 경복궁과 창덕궁이 파괴되어 머무를 공간이 없자 왕족인 월산대군의 집을 수리하여 임시 거처로 사용한 것에서 출발했다.

임진왜란 뒤 일본의 요청으로 파견한 외교사절단이다. 도요토미 히데요시의 사망 뒤 에도막부를 세운 도쿠가와 이에야스의 요청을 받아들여 교류했으며 앞선 문화를 일본에 전해주는 통로 역할을 했다. 파견 규모는 500여 명이었으며 비용은 전액 일본에서 부담했다.

	초등	중등
공통 수록	숭례문, 경복궁, 혼천의, 집현전, 숙정문, 측우기, 자격루, 거북선, 판옥선, 사직단, 창덕궁, 고증학, 성리학, 사대부, 호패법	
개별 수록	보신각, 천자문	공명첩, 홍문관, 납속책, 비변사, 사간원, 소격서, 신기전, 유향소, 현량과, 의금부, 직전법, 칠정산, 의정부, 춘추관, 사헌부, 봉수제, 승정원

용어 사전

조선시대 최고의 행정기관이다. 영의정, 좌의정, 우의정이 중심이었으며 아래에 6조를 두고 실무를 담당하게 했다. 조선후기에는 비변사 기능이 커지면서 이름만 유지했으나 흥선대원군이 비변사를 폐지하고 기능을 되살렸다.

경연을 주관하고 왕의 정책 자문 역할을 하는 관청이다. 경연은 왕과 신하들이 모여 공부하고 정책에 대해 토론하는 시간이다. 성종 임금이 집현전을 대신해 만들었으며 궁궐 안의 책 관리도 담당했다. 사헌부, 사간원과 더불어 언론기관 역할을 하던 삼사 가운데 하나이다.

화살에 발화통을 달아 로켓처럼 날아갈 수 있도록 만든 무기이다. 세종 임금 때 만든 것으로, 고려 말 최무선이 만든 로켓형 화기인 주화를 개량한 것이다. 문종 임금 때 한꺼번에 다량으로 발사할 수 있는 화차가 만들어지면서 더 강력한 무기가 되었다.

다른 나라의 침략 등 급한 일이 발생했을 때 봉화를 올려 알리는 통신제도이다. 다른 지역에서 보일 수 있도록 높은 산에 봉수대를 설치하고 낮에는 연기, 밤에는 불로 알렸다. 아무 일도 없을 때에는 한 개, 적이 나타나면 두 개, 적과 싸움이 벌어지면 최고 단계인 다섯 개를 올렸다.

현직관리에게만 수조권을 지급하는 제도이다. 과전법은 현직관료 뿐만 아니라 퇴직관료에게도 수조권을 지급했다. 하지만 지급할 토지가 부족해지자 세조 임금은 현직관리에게만 지급하는 방식으로 바꾸었다. 수조권은 관리들이 받은 토지에서 나는 생산물을 가질 수 있는 권리다.

조선시대 국왕의 비서실역할을 한 관청이다. 이곳은 왕명을 전달하고 신하들의 보고내용을 정리해서 알리는 업무를 맡았다. 도승지가 책임자였으며, 매일매일의 업무내용을 기록한 일기가 전해지고 있다.

변방의 경비를 위하여 임시로 설치한 관청이라는 뜻이다. 중종 임금 때 삼포왜란을 계기로 만들어졌으며 임진왜란과 병자호란을 계기로 권한이 강해졌다. 조선후기에는 군사적인 역할 뿐만 아니라 정치, 경제 문제 등을 총괄하는 기구로 바뀌었다. 의정부를 대신하여 국정을 총괄하고 조선후기 세도정치를 자행하는 기관으로 바뀌자 고종 임금 때 폐지했다.

도교의 제사를 담당하는 관청이다. 중종 임금 때 조광조의 건의로 없어졌다.

나라에서 부족한 재정을 보충하기 위해 팔았던 명예직 임명장이다. 받는 이의 이름을 쓰지 않고 관직을 준 문서로 임진왜란 때부터 발행하기 시작했다.

나라가 재정 마련을 위해 돈을 받고 신분상승, 관직수여 등을 시행했던 정책이다. 곡식이나 돈을 내면 천민 신분에서 벗어나게 해 주거나 군역 면제, 관직 수여 등의 혜택이 주어진 것으로 임진왜란 때부터 적극적으로 시행되었다.

수령을 보좌하고 향리를 견제하기 위해 고을 양반들이 모여 만든 지방 자치 조직이다. 관직에서 물러나 지방으로 내려온 사람들이 주도했으며, 지방 행정에 도움을 주기도 했다.

세종 임금 때 만들어진 우리나라 달력이다. 당시에는 중국에서 제작한 달력을 받아 사용했는데, 중국 수도인 북경을 기준으로 한 것이기에 우리나라와 절기가 맞지 않았다. 그래서 한양을 기준으로 새롭게 만든 달력이다.

중종 임금 때 조광조의 건의로 시행한 인재선발 제도이다. 학문이 뛰어난 인재를 추천하여 임금이 직접 면접을 보고 관리로 선발하는 방식이었다. 지방에서 학문을 닦고 있는 사람들을 중앙정계에 진출시키기 위한 성격이 강했다.

임금이 내린 명이나 정책 가운데 옳지 못하거나 잘못된 일을 바로잡는 일을 맡아 하던 관청이다. 사헌부, 홍문관과 더불어 언론기관 역할을 하던 삼사 가운데 하나이다.

역사를 기록하고 편찬하는 업무를 맡아보던 관청이다. 이곳에서 일하는 관원을 사관이라 했고, 이들은 매일 매일 일어나는 일을 기록한 사초를 작성했다. 사초를 바탕삼아 실록을 편찬했다.

관리들의 잘못을 조사하는 감찰 역할을 하며 잘못한 관리가 있으면 책임을 물어 탄핵하는 일을 맡아 하던 관청이다. 사간원, 홍문관과 더불어 언론기관 역할을 하던 삼사 가운데 하나이다.

임금의 명에 따라 죄인을 잡아들이고 다스리는 일을 맡아 하던 관청이다. 왕명을 출납하는 승정원과 함께 임금의 권력을 뒷받침하는 기구이다. 주로 역모를 꿈꾼 정치범이나 사회질서를 혼란스럽게 하는 중죄인들을 잡아들이고 문초하는 역할을 했다.

숭례문, 경복궁, 혼천의, 집현전, 숙정문, 측우기, 자격루, 거북선, 판옥선,
사직단, 창덕궁, 고증학, 성리학, 사대부, 호패법, 보신각, 천자문

1 조선시대 정걸 장군의 아이디어로 새롭게 만든 전투선인 (　　　)은 바닥은 평평하고 2층으로 이루어졌다. 대포를 많이 장착할 수 있어 수군의 주력 전투함으로 자리 잡았으며 임진왜란 때 큰 역할을 했다.

2 조선시대 기본 전투함인 판옥선 위에 덮개를 씌우고 거북 모양으로 만든 배인 (　　　)은 나대용이 설계했다. 임진왜란 당시 3척이 만들어져 이순신 장군이 이끄는 수군이 왜군을 상대로 승리하는 데 큰 역할을 했다.

3 토지신 '샤'와 곡식신 '직'에게 제사 지내기 위해 마련한 제단은 (　　　)이다. 유교국가에서는 정궁(조선은 경복궁)을 기준으로 좌묘우사 원칙에 따라 왼쪽에 왕실사당인 종묘를, 오른쪽에 이것을 설치했다.

4 고려시대와 조선시대에 과거에 합격하여 관직에 오른 문신 관료를 통틀어서 부르는 말이다. 조선 건국 세력은 성리학을 받아들이고 힘을 키운 세력이라고 해서 신진(　　　)라고 불렀다.

5 한양도성을 세우고 4대문은 유교 이념에 따라 인, 의, 예, 지 가운데 한 글자씩 넣어 이름을 지었다. 그리고 중앙에 '신'자를 넣은 종각인 (　　　)을 세우고 종을 매달아 새벽 4시에 33번, 저녁 10시에 28번을 쳐서 성문을 열고 닫는 시간을 알렸다.

6 옛날 책을 연구해 오늘날 이야기되는 내용이 실제 문헌에서 확인할 수 있는 것인지 증명하는 방식인 (　　　)은 중국 청나라 때 유행한 학문이다. 명나라 때는 아는 것을 행동에 옮기는, 지식과 실천의 일치를 강조한 양명학이 유행했다.

7 태종 임금 때 시행한 (　　　)은 16세 이상 남자들에게 호패를 착용하게 했던 제도이다. 전국의 인구를 파악하고 세금을 거두는 데 이용할 목적으로 시행되었다.

8 조선은 새로운 도읍을 한양으로 정하고 도성을 쌓았다. 이곳을 출입하는 네 개의 큰 문 가운데, 남쪽으로 난 문이자 정문은 (　　　)이다.

9 물을 이용하여 시간을 측정하고 자동으로 알려주는 장치를 갖춘 (   )는 세종 임금 때 장영실이 만든 물시계이다.

10 하늘에 있는 행성의 위치와 움직임을 측정하던 천문관측기기는 (   )이다. 여러 나라에서 제작해 사용했으며, 우리나라도 삼국시대부터 만들어 사용했을 것으로 추정하고 있다. 현재에는 세종 임금 때 만들어진 것이 전해지고 있다.

11 높이는 32센티미터, 지름은 15센티미터인 철로 만든 원통, (   )는 세종 임금 때 만든 비가 온 양을 측정하는 기구이다. 비가 그치면 비가 내린 시간과 함께 고인 빗물의 양을 측정하여 기록했다.

12 천 글자로 만든 초급용 한자교과서인 (   )은 4글자씩 250구로 이루어졌다.

13 조선왕조에서 경복궁 다음으로 세워진 궁궐인 (   )은 3대 태종 임금 때 세웠다. 자연과 조화를 이룬 후원을 자랑하며 조선시대 궁궐 가운데 유일하게 유네스코 세계문화유산에 등재되었다.

14 세종 임금이 확대 개편한 학문연구기관인 (   )은 계유정난으로 왕위에 오른 세조 임금이 폐지했다. 성종 임금은 되살리지 않고 비슷한 성격의 홍문관을 설치했다.

15 사람의 성품과 우주 만물의 원리 등을 연구하는 학문인 (   )은 고려 말 안향에 의해 소개되었다. 조선 건국 세력인 신진사대부가 받아들여 조선의 지배 이념으로 자리잡았다. 중국 남송의 주희가 집대성한 유교의 새로운 버전이다.

16 왕조의 큰 복을 빈다는 의미를 가진 이름인 (   )은 정도전이 유교경전인 시경에서 가져와 지었다. 한양이 수도로 정해지고 만들어진 정궁이다.

17 한양도성을 만들고 출입하기 위해 만든 네 개의 큰 문 가운데 북쪽으로 난 문은 (   )이다. 산 중턱에 위치하여 길이 험하고 이용하는 사람도 거의 없었다. 또한 풍수지리상으로도 좋지 않다고 하여 계속해서 닫아 두었다.

● 다음 밑줄 친 용어를 상황에 맞게 고쳐 쓰세요.

1 왕조의 큰 복을 빈다는 의미를 가진 이름인 창덕궁은 정도전이 유교경전인 시경에서 가져와 지었다.

_____

2 토지신 '사'와 곡식신 '직'에게 풍년을 기원하며 제사 지내기 위해 마련한 제단은 종묘이다.

_____

3 조선시대 기본 전투함인 판옥선 위에 뚜껑을 씌우고 거북 모양으로 만든 배인 안택선은 나대용이 설계했다.

_____

● 〈보기〉에 나오는 용어를 3개 이상 넣어 문장을 만들어 보세요.

보기 경복궁, 창덕궁, 보신각, 숭례문, 숙정문, 사직단

_____

_____

보기 자격루, 혼천의, 집현전, 측우기, 호패법

_____

_____

● 다음 빈칸에 적당한 용어를 넣어 일기를 완성해 보세요.

아빠는 바다를 지키는 수군이다. 이번 전투에는 드디어 (   )이 출격한다고 했다. 조선 수군의 비밀병기라고, 아빠가 침이 마르도록 자랑한 배가 출격한다고 하니 기쁘다. 하지만 아빠가 전투에 나갈 때마다 마음이 조마조마하다. 혹시나 하는 불안감에. 아빠는 늘 걱정하지 말라고 하지만 어쩔 수 없다. 조선 수군의 비밀병기가 왜군을 싹 무찔러서 아빠가 더이상 전투에 나가는 일이 없었으면 좋겠다.

3 조선전기 3

❖용어 pick

한양도성, 경국대전, 난중일기, 노량해전, 농사직설, 병자호란, 4군6진,
사대교린, 삼강오륜, 앙부일구, 임진왜란, 중립외교, 훈민정음,
정묘호란, 정유재란, 수어장대, 남한산성

용어 사전

조선 최고의 법전이다. 7대 임금 세조 때 편찬을 시작해서 9대 임금 성종 때 완성했다. 이조, 호조, 예조, 병조, 형조, 공조 등 6조에 맞춘 6전으로 구분하여 나라 운영에 필요한 전반적인 내용을 담고 있다. 법전 편찬으로 법치국가로서의 면모를 다지고, 중국 법 영향에서 벗어날 수 있었다.

이순신 장군이 임진왜란 중에 있었던 일을 기록한 일기이다. 기간은 1592년 5월 1일부터 1598년 10월 7일까지이다. 개인이 쓴 일기지만 전쟁 상황에 대한 기록, 전투 보고 내용, 전투에 대한 계책 및 개인적인 느낌 등 임진왜란 당시 상황을 알려주는 중요한 자료이다. 아산 현충사에 보관하고 있으며, 2013년 유네스코 세계 기록유산으로 지정되었다.

세종 임금 때에 간행한 농업책이다. 각 지역에서 이름난 농사꾼들의 농사기술을 모아 편찬한 것으로 농업생산량을 늘리는 데 도움을 주고자 한 책이다.

조선이 군신관계 요구를 거부하자 1636년 청나라 태종이 군사 2만 명을 이끌고 조선을 침략한 사건이다. 인조 임금은 남한산성으로 피했지만 45일 만에 성문을 열고 나와 삼전도에서 무릎 꿇고 항복했다. 세 번 절하고 아홉 번 머리를 조아리는 '삼배구고두례'의 치욕을 당했다.

3대 임금 태종 때 정해진 외교 원칙이다. 큰 나라인 명나라는 섬기는 '사대'와, 작은 나라인 여진과 왜는 동등하게 교류한다는 '교린'의 내용이 담긴 외교방향이다.

군위신강, 부위자강, 부위부강의 삼강, 군신유의, 부자유친, 부부유별, 붕우유신, 장유유서의 오륜으로 이루어진 유교의 기본교리이다. 임금과 신하, 부모와 자식, 부부, 친구, 어른과 아이의 도리를 다루고 있다.

세종 임금 때 여진족을 몰아내고 새로 개척한 영토를 부르는 이름이다. 압록강 유역의 4군은 최윤덕이, 두만강 유역의 6진은 김종서가 개척했다. 이로써 현재와 같은 모양의 국토가 완성되었다.

해시계를 부르는 이름이다. 해시계는 세종 임금 때 처음 만들었다. 정초, 정인지, 이천, 장영실 등이 힘을 합쳐 만들었다고 한다. 가마솥을 뒤집어 놓은 모양인 이 해시계는 조선후기까지 계속 제작되었다.

1598년 도요토미 히데요시가 사망하자 물러가는 왜군과 조선 수군이 바다에서 싸운 마지막 전투이다. 수군은 이 전투에서 크게 승리했지만 이순신 장군은 왜군이 쏜 총에 맞아 전사했다.

남한산성 안에 있는 2층 건물로 성벽 방어를 맡은 수어사가 지휘하는 곳이다. 인조 임금이 남한산성을 쌓을 때 총 4개의 장대가 만들어졌으나 현재 이곳 하나만 남아있다. 장대는 군사용 목적으로 지은 건물이다.

수도 한양의 남쪽을 방어하는 성이다. 통일신라 초기에 흙으로 쌓은 것을 조선 인조 임금 때 돌로 다시 쌓았다. 병자호란이 있어났을 때 인조 임금이 이곳으로 피해 45일 동안 청나라에 맞서 싸운 곳이다.

1597년 정유년에 다시 일어난 전쟁이라고 붙여진 이름이다. 1592년 임진년에 쳐들어온 왜군과 몇 년 동안 협상을 벌였지만 결과를 내지 못하고 결렬되었다. 그러자 1597년에 왜가 다시 쳐들어왔고, 1598년 도요토미 히데요시가 사망하면서 전쟁은 끝났다.

1592년 임진년에 왜가 조선을 침략한 전쟁이다. 왜는 명나라를 정벌하려 하니 길을 빌려달라는 '정명가도'를 명분으로 내세웠지만 이는 조선을 침략하기 위한 술수에 지나지 않았다. 7년 동안 이어진 전쟁으로 조선은 막대한 피해를 입었다.

15대 임금 광해군이 실시한 외교정책이다. 힘이 약해진 명나라와 힘이 강해진 후금 사이에서 어느 한쪽 편을 들지 않고 실리를 추구하는 방법이다. 임진왜란 이후 다시 전쟁에 휩싸이지 않고 나라를 안정시키려는 정책이었지만 명분과 의리를 중시하는 서인 세력의 반발을 불러왔다.

우리 고유의 문자로 백성을 가르치는 바른 소리라는 뜻을 가진 소리글자이다. 세종 임금이 1443년에 28글자를 만들어서 시험 기간을 거친 뒤 1446년에 반포했다. 한글이라는 이름은 주시경이 만들어 일제강점기 때부터 쓰기 시작했다.

1627년 정묘년에 후금이 쳐들어 온 전쟁이다. 인조반정으로 광해군을 내쫓고 왕위에 오른 인조는 명나라는 친하게 지내고 후금은 배척하는 '친명배금'정책을 내세웠다. 광해군이 내세운 중립외교 정책이 무너지자 후금이 조선을 침략한 전쟁이다.

조선시대 도읍지인 한양을 둘러싸고 있는 성이다. 백악산, 인왕산, 남산, 낙산을 연결해 쌓았으며 둘레는 약 18킬로미터이다. 줄여서 한성이라고도 한다. 출입을 위해 4개의 큰 문과 4개의 작은 문을 설치했다.

	초등	중등
공통 수록	노량해전, 한양도성, 경국대전, 난중일기, 사대교린, 농사직설, 병자호란, 4군6진, 삼강오륜, 앙부일구, 정유재란, 임진왜란, 중립외교, 훈민정음, 정묘호란	
개별 수록	수어장대, 남한산성	소수서원, 조운제도, 이조전랑, 4부학당, 사액서원, 기묘사화, 중종반정, 암행어사, 훈련도감, 위훈삭제, 조의제문, 훈구세력, 동의보감

용어 사전

중종반정 때 공신으로 책봉된 사람 가운데 일부는 자격이 없으니 공신 자격 박탈, 공신책봉으로 받은 토지와 노비는 몰수해야 한다는 주장이다. 조광조가 현량과 실시, 소격서 폐지와 함께 내세운 주장이다. 훈구파가 거세게 반발했고 기묘사화의 원인이 되었다.

9대 임금 성종 때 사림파의 리더였던 김종직이 쓴 글로 어린 조카 단종을 내쫓고 왕위를 차지한 세조를 비판한 내용이다. 중국 진나라 말기 항우가 초나라 왕 의제를 쫓아낸 것을 수양대군이 단종을 쫓아낸 것에 비유한 것이다. 제자 김일손이 사초에 이 내용을 기록했고, 훈구파가 그것을 문제삼아 10대 임금 연산군 때 무오사화가 일어났다.

수양대군의 왕위찬탈에 참여해 정치적 힘과 경제적 힘을 가지게 된 사람들을 뜻하는 말이다. 왕을 보필하며 공을 세운 신하를 지칭하는 말이기도 하지만 주로 세조 임금 때 권력을 가지게 된 사람을 뜻하며, 성종 임금 이후에는 사림파와 대비되는 말로도 쓰였다.

허준이 쓴 의학책이다. 우리나라 의학책뿐만 아니라 중국 의학책까지 참고해 썼으며, 비싼 약재가 아니라 주변에서 쉽게 구할 수 있는 약재를 설명해 임진왜란 이후 백성들의 병 치료에 큰 도움이 되었다. 14대 임금 선조 때 쓰기 시작해서 15대 임금 광해군 때 완성했다.

개인이 세웠지만 국왕으로부터 직접 쓴 현판, 노비와 책 등을 받은 서원을 말한다. 주세붕이 세운 백운동서원에 명종 임금이 소수서원이라는 현판과 노비, 책을 내린 것이 출발이다.

조광조를 비롯한 사림세력이 화를 입은 것이다. 조광조는 중종 임금 때 관직에 진출해 사림세력을 이끌며 개혁정치를 주도했다. 하지만 급진적인 개혁으로 훈구파의 반발을 샀고, 결국 사약을 받았다.

연산군을 쫓아내고 중종을 왕으로 세운 사건이다. 박원종, 유순정, 성희안 등이 연산군의 폭정을 바로잡는 명분으로 주도했다. 반정은 잘못된 정치를 바로잡는다는 뜻이다.

임금이 지방관리 감찰과 민심을 확인하기 위해 몰래 보낸 관리이다. 문과에 합격했고 지방수령 경험이 있는 젊은 관리 가운데 선발해서 보냈다. 박문수, 정약용 등이 대표적이다.

최초의 사액서원이다. 풍기군수 주세붕이 성리학을 들여온 안향을 제사 지내고 후학을 양성하기 위해 세운 백운동서원이 이름을 바꾼 것이다. 명종 임금이 현판과 노비, 책을 내린 곳으로 경상북도 영주에 있다.

나라가 거둔 세금을 배로 운반하던 제도이다. 조선시대까지는 세금을 대부분 화폐가 아닌 현물로 거두었다. 부피가 크고 무게가 많이 나갔기 때문에 전국에서 거둔 세금은 뱃길을 이용해 한양으로 운반했다.

이조에 속한 정랑과 좌랑을 합쳐서 부르는 말이다. 관리 추천과 하급관리 임명, 자기 후임 추천 등의 권한을 가지고 있어 중요한 자리였다. 이 자리를 놓고 다툼을 벌이다 사림세력은 동인과 서인으로 나뉘게 되었다.

한양에 있었던 국립 중등교육기관이다. 동부, 서부, 남부, 중부 네 곳에 설립했으며 비용은 나라에서 부담해 무료였다. 지방에는 향교가 중등교육을 담당한 기관이었다면, 수도에서는 이곳이 중등교육을 담당한 기관이었다.

임진왜란이 일어나자 군사력 강화를 위해 새로 설치한 기관이다. 총기를 다루는 포수, 칼과 창을 다루는 살수, 활을 다루는 사수 등 삼수병으로 구성되었다. 상설기관이 되어 5군영의 한 축을 담당하다 별기군이 창설된 이후 1882년 폐지되었다.

정유재란, 남한산성, 경국대전, 노량해전, 4군6진, 사대교린, 임진왜란, 농사직설, 병자호란,
삼강오륜, 중립외교, 훈민정음, 정묘호란, 난중일기, 앙부일구

1 세종 임금 때 여진족을 몰아내고 새로 개척한 영토는 (   )이다. 압록강 유역의 4군은 최윤덕이,
두만강 유역의 6진은 김종서가 개척했다.

2 수도 한양의 남쪽을 방어하는 (   )은 병자호란이 일어났을 때 인조 임금이 이곳으로 피해 45
일 동안 청나라에 맞서 싸운 곳이다.

3 조선 최고의 법전인 (   )은 7대 임금 세조 때 편찬을 시작해서 9대 임금 성종 때 완성했다. 이
조, 호조, 예조, 병조, 형조, 공조 등 6조에 맞춘 6전으로 구분하여 나라 운영에 필요한 전반적인 내용을
담고 있다.

4 이순신 장군이 1592년 5월 1일부터 1598년 10월 7일까지 임진왜란 중에 있었던 일을 기록한 일기,
(   )는 2013년 유네스코 세계 기록유산으로 지정되었다.

5 임진왜란을 일으킨 왜군과 벌인 협상이 결과를 내지 못하고 결렬되자 왜군은 1597년에 다시 쳐들어왔
다. 정유년에 다시 일어난 전쟁이라고 해서 (   )이라고 부른다.

6 세종 임금 때에 펴낸 농업책인 (   )은 각 지역에서 이름난 농사꾼들의 농사기술을 모아 농업
생산량을 늘리는 데 도움을 주고자 한 책이다.

7 15대 임금 광해군이 실시한 외교정책인 (   )는 힘이 약해진 명나라와 힘이 강해진 후금 사이에
서 어느 한쪽 편을 들지 않고 실리를 추구하는 방법이다. 임진왜란 이후 다시 전쟁에 휩싸이지 않고 나
라를 안정시키려는 정책이었다.

8 세종 임금이 만든 우리 고유의 문자인 (   )은 백성을 가르치는 바른 소리라는 뜻을 가진 소리
글자이다. 1443년에 28글자를 만들어서 시험 기간을 거친 뒤 1446년에 반포했다. 현재는 24글자만 쓰고
있다.

9 조선이 군신관계 요구를 거부하자 1636년 청나라 태종이 군사 2만 명을 이끌고 조선을 침략한 것이 (　　　　　)이다. 인조 임금은 남한산성으로 피했지만 45일 만에 성문을 열고 나와 삼전도에서 무릎 꿇고 항복했다.

10 3대 임금 태종 때 정해진 외교 원칙은 (　　　　　)이다. 큰 나라인 명나라를 섬기는 '사대'와, 작은 나라인 여진과 왜는 동등하게 교류한다는 '교란'의 내용이 담긴 외교방향이다.

11 1598년 도요토미 히데요시가 사망하자 물러가는 왜군과 조선 수군이 바다에서 싸운 마지막 전투이다. (　　　　　)에서 크게 승리했지만 이순신 장군은 왜군이 쏜 총에 맞아 전사했다.

12 1592년 임진년에 왜가 조선을 침략한 전쟁이다. 왜는 명나라를 정벌하려 하니 길을 빌려달라는 '정명가도'를 명분으로 내세웠지만 이는 조선을 침략하기 위한 술수에 지나지 않았다. 7년 동안 이어진 (　　　　　)으로 조선은 막대한 피해를 입었다.

13 인조반정으로 광해군을 내쫓고 왕위에 오른 인조 임금은 명나라와 친하게 지내고 후금은 배척하는 '친명배금'정책을 내세웠다. 15대 임금 광해군이 내세운 중립외교 정책이 무너지자 1627년 후금이 조선을 침략한 전쟁이 (　　　　　)이다.

14 군위신강, 부위자강, 부위부강의 삼강, 군신유의, 부자유친, 부부유별, 붕우유신, 장유유서의 오륜으로 이루어진 유교의 기본교리가 (　　　　　)이다. 임금과 신하, 부모와 자식, 부부, 친구, 어른과 아이의 도리를 다루고 있다.

15 해시계를 부르는 이름인 (　　　　　)는 세종 임금 때 처음 만들었다. 정초, 정인지, 이천, 장영실 등이 힘을 합쳐 만들었다고 한다. 가마솥을 뒤집어 놓은 모양인 이 해시계는 조선후기까지 계속 제작되었다.

● 다음 밑줄 친 용어를 상황에 맞게 고쳐 쓰세요.

1   이순신 장군은 <u>명량대첩</u> 때 왜군의 총에 맞아 전사했다.

_____

2   15대 임금 광해군은 명나라와 후금 사이에서 외교정책으로 <u>친명배금정책</u>을 추진해 실리를 얻고자 했다.

_____

3   1592년 임진년에 왜가 조선을 침략한 전쟁을 <u>병자호란</u>이라고 한다. 이 전쟁은 7년 동안 계속되었고, 조선에 막대한 피해를 입혔다.

_____

● 〈보기〉에 나오는 용어를 3개 이상 넣어 문장을 만들어 보세요.

> **보기**   농사직설, 4군6진, 훈민정음, 경국대전, 사대교린

_____

> **보기**   임진왜란, 정유재란, 노량해전, 중립외교, 난중일기

_____

● 다음 빈칸에 적당한 용어를 넣어 일기를 완성해 보세요.

우리 집은 남한산성 안에 있다. 그런데 청나라가 쳐들어 온 (   )이 일어나 임금님을 비롯한 많은 신하들이 남한산성으로 들어왔다. 갑자기 높으신 분들이 많이 오니, 분위기가 확 달라졌다. 임금님 용안을 볼 수 있어서 좋다고 하는 사람도 있고, 청나라 군대가 이곳을 공격할 것이니 무섭다고 하는 사람도 있다. 우리가 청나라를 이기면 좋겠지만, 진다면 우리 마을은 어떻게 되는 것일까? 누구 하나 속시원하게 얘기하는 사람이 없다.

4

조선전기 4

❖용어 pick
조선왕조실록, 한산도대첩, 삼강행실도, 학익진전법, 동래부순절도,
혼일강리역대국도지도

용어 사전

임진왜란 당시 조선 수군이 한산도 일대에서 일본 수군 주력부대를 크게 무찌른 전투이다. 학익진을 처음 해전에서 사용한 전투이기도 하다. 진주대첩, 행주대첩과 함께 임진왜란 3대첩으로 불리고 있다.

1402년 태종 임금 때 제작한 우리나라 최초의 세계지도이다. 아프리카와 유럽까지 그려져 있으나, 중국이 매우 크게 그려져 중화사상이 반영된 지도라는 것을 알 수 있다.

임진왜란 당시 부산에 상륙한 왜군에 맞서 싸운 동래부사 송상현과 관군, 백성들의 전투상황을 그린 그림이다. 조선후기에 제작되었으며, 현재 육군사관학교 박물관에 보관하고 있다.

전쟁에서 학이 날개를 펼친 모양으로 군대를 배치하는 것이다. 임진왜란 당시 이순신장군이 한산도에서 이 전법을 사용하여 왜군을 크게 무찔렀다.

유교윤리를 담은 삼강오륜을 널리 알리기 위해 펴낸 그림책이다. 삼강오륜을 잘 실천한 충신, 효자, 열녀 등의 이야기를 모아 펴냈다.

조선시대 역사를 왕별로 나누어 시간순서대로 기록한 역사책이다. 1대 태조 임금부터 25대 철종 임금까지 472년간의 역사를 다루고 있다. 26대 고종 임금과 27대 순종 임금 시기는 일제의 영향력 아래에서 편찬되었기에 포함하지 않고 있다.

❖용어 비교

	초등	중등
공통 수록	한산도대첩, 혼일강리역대국도지도, 삼강행실도, 조선왕조실록, 학익진전법, 동래부순절도	
개별 수록		고려사절요, 국조오례의, 백운동서원, 6조직계제, 종묘제례악, 향약집성방, 용비어천가, 몽유도원도, 동국여지승람, 천상열차분야지도

용어 사전

나라와 왕실에서 진행하는 중요 행사에 대한 내용을 유교 예법에 맞게 정리한 책이다. 왕실사당인 종묘에서 지내는 제사, 토지신과 곡식신을 모신 사직단에서 지내는 제사, 왕이나 왕비가 돌아가셨을 때 장례를 치르는 절차 등에 관한 내용을 담고 있다.

우리나라 최초의 서원으로 풍기군수 주세붕이 세웠다. 경상북도 영주에 위치한 이 서원은 명종 임금으로부터 소수서원이라는 현판과 노비, 책 등을 하사받은 최초의 사액서원이기도 하다.

의정부를 거치지 않고 6조에서 국왕에게 직접 보고하도록 한 제도이다. 왕권 강화 목적으로 태종 임금과 세조 임금 때 실시되었다. 의정부의 권한이 약해져 신권을 약화시키고 왕권을 강화한 정책이다.

왕실 사당인 종묘에서 제사 지낼 때 사용한 음악이다. 조선시대에는 역대 왕과 왕비의 위패를 종묘에 모시고 때마다 제사를 지냈다. 제사를 지낼 때 부르는 노래와 무용, 악기 연주 등을 모두 합쳐 부르는 말이다.

세종 임금 때 편찬한 의학책이다. 값비싼 중국산 약재가 아니라 우리나라에서 구할 수 있는 약재인 향약을 중심으로 연구한 내용을 정리했고, 병의 원인 및 처방 등이 담겨있는 종합적인 의학책이다.

〈고려사〉와 함께 고려시대를 다루고 있는 대표적인 역사책이다. 조선이 세워지고 고려시대 역사 정리를 위한 역사책 편찬이 시작되었다. 고려사는 인물중심으로 쓴 기전체 방식이고, 이 책은 시간순서대로 쓴 편년체 방식이다. 상호보완적인 두 책 모두 문종 임금 때 간행되었다.

세종 임금 때 쓴 조선왕실을 찬양하는 노래이다. 조선을 세운 이성계의 4대조부터 태종 임금에 이르기까지 6명의 사람을 용에 비유하고 하늘의 뜻에 따라 나라를 세웠다는 이야기가 중심이다.

화가 안견이 안평대군의 꿈 이야기를 듣고 그린 그림이다. 안평대군은 세종 임금의 셋째 아들이다. 안평대군이 꿈속에서 본 이상세계를 표현하고 있다.

조선시대에 만들어진 천문도이다. 고구려 시절에 그린 천문도를 바탕으로 하여 돌에 새겼고, 나중에는 이 내용을 종이에 찍어내기도 했다.

성종 임금 때 발행한 지리책이다. 이 책에는 조선 8도의 지리뿐만 아니라 역사, 풍속, 인물 등을 자세하게 기록했다. 10대 임금 연산군과 중종 임금 때 수정 보완했으며, 조선 전기 지역 상황을 잘 알려주고 있는 책이다.

조선왕조실록, 한산도대첩, 삼강행실도, 학익진전법,
동래부순절도, 혼일강리역대국도지도

1 1592년 4월 당시 부산에 상륙한 왜군에 맞서 싸운 동래부사 송상현과 관군, 백성들의 전투상황을 그린 그림이 (　　　　)다. 조선후기에 제작되었으며, 현재 육군사관학교 박물관에 보관하고 있다.

2 임진왜란 당시 조선 수군이 한산도 일대에서 일본 수군 주력부대를 크게 무찌른 (　　　　)은 학익진을 처음 해전에서 사용한 전투이기도 하다.

3 1402년 태종 임금 때 제작한 우리나라 최초의 세계지도는 (　　　　)이다. 아프리카와 유럽까지 그려져 있으나, 중국이 매우 크게 그려져 중화사상이 반영된 지도라는 것을 알 수 있다.

4 학이 날개를 펼친 모양으로 군대를 배치하는 (　　　　)은 임진왜란 당시 이순신장군이 한산도에서 이 전법을 사용하여 왜군을 크게 무찔렀다.

5 조선시대 역사를 왕별로 나누어 시간순서대로 기록한 역사책인 (　　　　)은 1대 태조 임금부터 25대 철종 임금까지 472년간의 역사를 다루고 있다. 26대 고종 임금과 27대 순종 임금 시기는 일제의 영향력 아래에서 편찬되었기에 포함하지 않고 있다.

6 유교윤리를 담고 있는 삼강오륜을 널리 알리기 위해 이를 잘 실천한 충신, 효자, 열녀 등의 이야기를 모아 펴낸 그림책이 (　　　　)이다.

● 다음 밑줄 친 용어를 상황에 맞게 고쳐 쓰세요.

1 1대 태조 임금부터 25대 철종 임금까지 472년간 조선시대 역사를 왕별로 나누어 기록해 놓은 역사책은 <u>조선왕조의궤</u>이다.

_____

2 1402년에 그린 우리나라 최초의 세계지도는 <u>곤여만국전도</u>이다.

_____

3 조선시대에 삼강오륜을 널리 알리기 위해 이를 잘 실천한 충신, 효자, 열녀 등의 이야기를 모아 펴낸 그림책이 <u>대동여지도</u>이다.

_____

● 〈보기〉에 나오는 용어를 3개 이상 넣어 문장을 만들어 보세요.

> **보기** 한산도대첩, 향약집성방, 학익진전법, 동래부순절도

_____

> **보기** 용비어천가, 몽유도원도, 동국여지승람, 천상열차분야지도

_____

● 다음 빈칸에 적당한 용어를 넣어 일기를 완성해 보세요.

> 서당 훈장님이 나라에서 새로 펴낸 책 한 권을 보여주셨다. 표지에는 (   )라고 쓰여 있었다. 임금님께 충성을 다한 신하, 부모님께 효를 다한 아들, 딸들 이야기 등이 수록되어 있다고 하셨다. 우리들도 부모님께 효를 다하면 책에 실릴 수도 있다고 하셨다. 그 말이 끝나자 친구들 눈이 반짝반짝했다. 나도 오늘부터 부모님을 더 잘 모셔야겠다.

5

조선전기 인물

❖인물 pick

선조, 이순신, 인조, 정도전, 장영실, 신사임당, 허난설헌, 세종, 소현세자, 이방원, 이성계, 곽재우, 광해군, 허준, 세조, 권율

인물 사전

임진왜란 때 처음으로 의병을 일으킨 인물이다. 경상도 의령에서 시작했으며 붉은 옷을 입어 홍의장군으로 불렸다. 왜군과 싸운 전투에서 여러 차례 이겨 왜군의 전라도 지역 진출을 막는데 공을 세웠다. 김시민 장군이 싸운 진주성 전투에도 의병을 이끌고 참여했다.

조선 15대 임금이다. 임진왜란이 일어나자 세자로 책봉되었고, 많은 공을 세웠다. 임금이 된 뒤에는 대동법을 실시해 백성들의 부담을 줄여주었고, 허준이 동의보감을 완성하도록 뒷받침해 주었다. 또 명나라와 후금 사이에서 실리를 추구하는 중립외교로 나라를 안정시켰다. 하지만 인조반정으로 왕위에서 쫓겨났다.

조선 14대 임금이다. 재위 기간에 훈구세력이 몰락하고 사림파가 집권했으며, 붕당정치가 시작되었다. 임진왜란이 일어나자 명나라에 구원병을 요청하고 한양을 떠나 평양을 거쳐 의주까지 피난을 갔다.

조선 7대 임금이다. 세종대왕의 둘째 아들로 어린 조카인 단종을 내쫓고 왕위를 차지한 계유정난을 일으켰다. 현직관료에게만 토지를 지급하는 직전법을 실시했고, 6조 직계제를 부활시켜 왕권을 강화했다. 집현전을 폐지하고, 〈경국대전〉 편찬을 시작했다.

조선 4대 임금이다. 태종 이방원의 셋째 아들로 조선시대 최고 임금으로 불린다. 훈민정음을 창제했고, 과학기술을 크게 발전시켰다. 의정부 서사제를 통해 왕권과 신권의 조화를 추구했다. 여진족을 몰아내고 최윤덕이 4군을, 김종서가 6진을 개척해 영토를 넓혔다. 또 이종무를 시켜 노략질을 일삼는 왜구의 근거지인 대마도를 정벌하기도 했다.

병자호란이 끝난 뒤 청나라에 인질로 끌려간 인물이다. 인조의 큰 아들로 청나라에서 앞선 문물을 접하고, 오랑캐라고 무시만 할 것이 아니라 배울 것은 배워야 한다는 입장을 내세웠다. 그러자 인조의 미움을 받아 목숨을 잃었고 동생 봉림대군이 왕위에 올라 17대 임금 효종이 되었다.

조선 3대 임금이다. 태조 이성계의 5번째 아들로 조선 건국에 큰 공을 세웠다. 조선 건국에 반대하는 정몽주를 제거하고, 1차 왕자의 난으로 이복동생들과 정도전을 제거했다. 사병을 혁파하고, 6조 직계제를 실시하여 왕권을 강화했다. 주변 나라에 대한 사대교린 외교노선을 확립했다. 셋째 아들 충녕대군에게 왕위를 물려주었다.

조선 1대 임금이다. 고려 말 장군으로 우왕과 최영의 명령으로 요동정벌을 떠났다가 군대를 돌린 위화도회군 성공으로 권력을 차지했다. 신진사대부와 힘을 합쳐 새로운 나라 조선을 세우고 왕위에 올랐다. 그가 고려를 무너뜨리고 조선을 세운 것을 역성혁명이라고도 부른다.

임진왜란 때 큰 공을 세운 조선 최고의 장군이다. 옥포해전 승리를 시작으로 한산도대첩에서 왜군을 크게 무찔러 조선군의 사기 회복 및 전열을 재정비할 수 있는 시간을 마련했다. 13척의 배로 왜선 133척에 맞서 싸운 명량대첩은 역사상 유래를 찾기 힘든 큰 승리이다. 임진왜란 상황을 기록한 〈난중일기〉가 전해지고 있다.

조선 16대 임금이다. 광해군을 내쫓은 인조반정으로 왕위에 올랐다. 왕위에 오른 뒤 15대 임금 광해군이 취했던 중립외교 방식을 허물고, 후금을 배척하는 친명배금을 내세웠다. 병자호란이 일어나자 남한산성으로 몸을 피했지만, 45일 만에 삼전도에서 청나라 황제에게 항복했다. 그 자리에 세워진 비석이 삼전도비이다.

조선 건국의 일등공신이다. 고려 말에 등장한 신진사대부로 새로운 나라를 세워 개혁을 하는 방법을 택해, 고려를 유지한 채 개혁을 주장하는 정몽주와 대립했다. 새로운 수도를 정하고, 궁궐, 사대문의 이름, 법전 등 조선 건국 과정에서 그의 손을 거치치 않은 것이 없지만, 세자 책봉을 둘러싼 대립으로 이방원에게 죽음을 당했다.

화가이자 시인으로 활약한 조선시대 여성 인물이다. 본명은 신인선으로 조선을 대표하는 학자 이율곡의 어머니이기도 하다. 강릉 오죽헌은 그녀의 친정으로 이율곡을 낳은 곳이다. '산수도', '초충도' 등의 그림이 유명하다.

명의로 이름을 날린 조선시대 대표 의원이다. 왕실 의료기관인 내의원에서 왕의 건강을 살피는 어의로 지냈다. 그가 광해군 때 완성한 동의보감은 임진왜란 이후의 혼란을 수습하고, 백성들의 건강을 챙기는 데 중요한 역할을 했다. 동의보감은 지금도 한의학을 대표하는 서적으로 꼽히고 있다.

세종 임금 때 활약한 조선 최고의 과학자이자 발명가이다. 동래현 소속 관노비였으나 실력을 인정받아 면천했다. 해시계와 물시계, 측우기 등 다양한 발명품을 만들어 농업과 실생활에 도움이 되도록 했다. 또한 천문관측기구인 혼천의와 간의도 만들어 천문과학기술 발전에도 큰 공을 세웠다.

시인으로 활약한 조선시대 여성 인물이다. 홍길동전을 쓴 허균의 누나이기도 하다. 스물일곱에 삶을 마감해 많은 작품이 전해지지는 않으나, 동생 허균이 그녀의 작품을 모아 시집을 엮었다. 여성의 사회활동이 어려운 조선에서 황진이, 신사임당 등과 더불어 작품이 전해지고 있는 여성 시인이다.

임진왜란에서 크게 활약한 장군이다. 행주산성에서 약 3천명의 병사로 백성들과 힘을 합쳐 3만의 왜군에 맞서 싸워 크게 이겼다. 이 전투 승리를 행주대첩이라 부른다. 한양을 되찾는 데 크게 기여했다.

❖인물 비교

	초등	중등
공통 수록	이순신, 인조, 정도전, 장영실, 허준, 세조, 세종, 이방원, 이성계, 곽재우, 광해군, 선조, 소현세자, 권율	
개별 수록	신사임당, 허난설헌	김종직, 안견, 이이, 강홍립, 이황, 조광조, 신립

인물 사전

15대 임금 광해군 때 활약한 장군이다. 처음 관직은 문신으로 출발했지만 광해군의 요청에 따라 장군으로 거듭났다. 만주에서 일어난 후금이 힘을 키우자 명나라는 조선에 원군 파병을 요청했다. 억지로 파병을 하게 된 광해군은 그에게 후금과 싸우는 척 하면서 명나라의 요구에 못 이겨 파병한 것이지, 후금과 싸우고 싶은 마음은 없다는 사실을 전하고 항복을 하라고 했다. 그가 광해군의 명령을 잘 따른 덕분에 전쟁도 막고, 병사들의 희생도 줄일 수 있었다.

학자이자 관리로 사림파의 출발점이 된 인물이다. 그가 지은 '조의제문'이 문제가 되어 10대 임금 연산군 때 많은 사림들이 화를 입은 무오사화가 일어났다. 무오사화는 제자 김일손이 그가 지은 조의제문을 사초에 수록하자, 훈구세력은 이를 세조 임금이 단종 임금을 죽이고 왕위를 찬탈한 상황을 빗댄 것이라고 몰아붙여 일으킨 사건이다.

임진왜란 때 충주에서 활약했던 장군이다. 왜군이 한양을 향해 올라오자 충주성에 방어선을 구축했다. 왜군은 조선군에 비해 숫자가 많고 무기가 우세하니 지형이 험한 조령에 진지를 구축해야 한다고 참모들이 조언했지만, 기병 부대를 활용한 평지 전쟁을 원했다. 본인이 기병부대를 활용해 여진족을 상대로 큰 승리를 거둔 것이 오히려 판단을 흐리게 했다는 평가가 많다. 결국 왜군을 막지 못하고 충주 탄금대에서 목숨을 잃었다.

조선전기 화가로 몽유도원도를 그린 인물이다. 몽유도원도는 세종 임금의 셋째 아들 안평대군 꿈 이야기를 그린 그림이며 현재 일본 덴리대학에 보관되어 있다. 도화서 화원으로 일했으며, 특히 풍경을 그린 산수화에 뛰어났다고 한다. 도화서는 조선시대에 그림 그리는 일을 맡아하던 관청이다.

이황과 함께 조선시대를 대표하는 성리학자이다. 호는 율곡이며, 신사임당의 아들로 강릉 오죽헌에서 태어났다. 그의 학문을 따르는 사람들을 서인 또는 기호학파라고 한다. 현실 개혁을 주장했으며, 실학 및 개화 사상에 영향을 미쳤다. 대표 저서로 〈성학집요〉 〈격몽요결〉이 있다.

이이와 함께 조선시대를 대표하는 성리학자이다. 호는 퇴계이며, 경상북도 안동에 도산서원을 짓고 제자를 길렀다. 그의 학문을 따르는 사람들을 동인 또는 영남학파라고 한다. 도덕규범 확립을 주장했으며, 위정척사 사상 및 일본 성리학에 영향을 미쳤다. 대표 저서로 〈성학십도〉 〈주자서절요〉가 있다.

중종 임금 때 활동한 사림파의 대표 인물이다. 추천으로 관리를 뽑는 현량과 실시, 도교 제사를 주관하는 소격서 폐지, 중종반정 때 잘못 임명된 공신들의 관직과 재산을 환수해야 한다는 위훈삭제 주장 등 훈구파에 맞서 개혁정치를 펼쳤다. 훈구파의 반격으로 일어난 기묘사화 때 목숨을 잃었다.

선조, 이순신, 장영실, 신사임당, 허준, 세조, 소현세자, 이방원, 이성계,
곽재우, 인조, 권율, 정도전, 허난설헌, 세종, 광해군

1 임진왜란 때 처음으로 의병을 일으킨 (　　　)는 경상도 의령에서 시작했으며 붉은 옷을 입어 홍의장군으로 불렸다. 왜군과 싸운 전투에서 여러 차례 이겨 왜군의 전라도 지역 진출을 막는데 공을 세웠다. 김시민 장군이 싸운 진주성 전투에도 의병을 이끌고 참여했다.

2 임진왜란이 일어나자 세자로 책봉되었고, 여러 공을 세운 (　　　)은 임금이 된 뒤에는 대동법을 실시해 백성들의 부담을 줄여주었다. 또 명나라와 후금 사이에서 실리를 추구하는 중립외교로 나라를 안정시켰다.

3 붕당은 (　　　)임금 때에 사림세력이 이조전랑 임명문제를 두고 동인과 서인으로 나뉘면서 시작되었다. 그는 임진왜란이 일어나자 명나라에 구원병을 요청하고 한양을 떠나 평양을 거쳐 의주까지 피난을 갔다.

4 세종대왕의 둘째 아들로 어린 조카인 단종을 내쫓고 왕위를 차지한 (　　　)는 현직관료에게만 토지를 지급하는 직전법을 실시했다. 그리고 6조직계제를 부활시켜 왕권을 강화했다. 집현전을 폐지하고, 경국대전 편찬을 시작했다.

5 태종 이방원의 셋째 아들로 조선시대 최고 성군으로 불리는 (　　　)은 훈민정음을 창제했고, 과학기술을 크게 발전시켰다. 의정부서사제를 통해 왕권과 신권의 조화를 추구했다. 여진족을 몰아내고 최윤덕이 4군을, 김종서가 6진을 개척해 영토를 넓혔다. 또 이종무를 시켜 노략질을 일삼는 왜구의 근거지인 대마도를 정벌하기도 했다.

6 인조 임금의 큰 아들로 병자호란이 끝난 뒤 인질로 끌려간 (　　　)는 청나라에서 앞선 문물을 접했다. 그래서 청나라를 오랑캐라고 무시만 할 것이 아니라 배울 것은 배워야 한다는 입장을 내세웠는데, 아버지의 미움을 받아 목숨을 잃었다.

7 태조 이성계의 다섯 번째 아들로 조선 건국에 큰 공을 세웠다. 세 번째 왕이 된 (　　　)은 사병을 혁파하고, 6조 직계제를 실시하여 왕권을 강화했다. 또 사대교린 외교노선을 확립했다. 셋째 아들 충녕대군에게 왕위를 물려주었다.

8 우왕과 최영의 명령으로 요동정벌을 떠났다가 군대를 돌린 위화도회군 성공으로 권력을 차지했다. 신진사대부와 힘을 합쳐 새로운 나라 조선을 세우고 왕위에 올랐다. (　　　　　)가 고려를 무너뜨리고 조선을 세운 것을 역성혁명이라고도 부른다.

9 임진왜란 때 큰 공을 세운 조선 최고의 장군이다. 옥포해전 승리를 시작으로 한산도대첩에서 왜군을 크게 무찔러 조선군의 사기 회복 및 전열을 재정비할 수 있는 시간을 마련했다. 특히 (　　　　　)이 13척의 배로 왜선 133척에 맞서 싸운 명량대첩은 역사상 유래를 찾기 힘든 큰 승리이다.

10 15대 임금 광해군을 내쫓은 인조반정으로 왕위에 오른 (　　　　　)는 광해군이 취했던 중립외교 방식을 허물고, 후금을 배척하는 친명배금을 내세웠다. 병자호란이 일어나자 남한산성으로 몸을 피했지만, 45일 만에 삼전도에서 청나라 황제에게 항복했다.

11 조선 건국의 일등공신 (　　　　　)은 새로운 수도를 정하고, 궁궐, 사대문의 이름, 법전 등 조선 건국 과정에서 그의 손을 거치지 않은 것이 없지만, 세자 책봉을 둘러싼 대립으로 이방원에게 죽음을 당했다.

12 조선 최고의 과학자이자 발명가인 (　　　　　)은 동래현 소속 관노비였으나 실력을 인정받아 면천했다. 해시계와 물시계, 측우기 등 다양한 발명품을 만들어 농업과 실생활에 도움이 되도록 했다. 또한 천문관측기구인 혼천의와 간의도 만들어 천문과학기술 발전에도 큰 공을 세웠다.

13 조선 전기 화가이자 시인인 (　　　　　)은 조선을 대표하는 학자 이율곡의 어머니이기도 하다. 강릉 오죽헌에서 나고 자란 그녀가 그린 산수도, 초충도 등이 유명하다. 오늘날 현모양처의 대명사로 알려져 있다.

14 왕실 의료기관인 내의원에서 왕의 건강을 살피는 어의로 지낸 (　　　　　)은 광해군 때 동의보감을 완성했다. 이 일은 임진왜란 이후의 혼란을 수습하고, 백성들의 건강을 챙기는 중요한 역할을 했다.

15 여성 시인인 (　　　　　)은 홍길동전을 쓴 허균의 누나이기도 하다. 스물일곱에 삶을 마감해 작품이 많이 전해지지는 않으나, 동생 허균이 그녀의 작품을 모아 시집을 엮었다. 그녀의 작품은 우리나라보다 중국에서 더 유명했다고 한다.

16 임진왜란에서 크게 활약한 장군인 (　　　　　)은 행주산성에서 약 3천명의 병사로 백성들과 힘을 합쳐 3만의 왜군에 맞서 싸워 크게 이겼다. 행주대첩으로 한양을 되찾는 데 크게 기여했다.

● 다음 밑줄 친 인물을 상황에 맞게 고쳐 쓰세요.

1 조선 4대 임금 숙종은 훈민정음을 창제하고, 장영실을 등용해 측우기, 해시계, 물시계 등을 만들어 조선의 문화와 과학기술을 크게 발전시킨 왕이다.

_____

2 정도전은 고려 사회를 개혁하는 데는 찬성했지만, 새로운 나라를 세우는 데에는 반대해 이방원에게 죽음을 당했다.

_____

3 권율 장군은 한산도대첩에서 왜군을 크게 물리쳤고, 명량해전에서는 13척의 배로 왜선 133척에 맞서 싸워 승리했다.

● 〈보기〉에 나오는 인물을 3명 이상 넣어 문장을 만들어 보세요.

> **보기** 선조, 인조, 광해군, 소현세자

_____

> **보기** 이순신, 권율, 강홍립, 곽재우, 신립

_____

● 다음 빈칸에 적당한 인물을 넣어 일기를 완성해 보세요.

> 지긋지긋한 전쟁이 끝난 줄 알았는데, 왜군이 다시 쳐들어왔다. 어른들은 이번에는 쉽게 당하지 않을 것이라 말하는데, 잘 모르겠다. 어쨌든 임진년에 일어난 전쟁으로 많은 사람이 죽고 피해를 입은 건 사실이다. 우리 동네에서도 얼굴이 보이지 않는 사람이 여럿 있다. 살았는지 죽었는지 알 길이 없다. 이번에 다시 일어난 전쟁에서는 피해가 많지 않았으면 한다. 바다에서는 (   )장군이, 육지에서는 (   )장군이 왜군을 혼내 주었으면 좋겠다.

6

조선후기 I

❖용어 pick

군포, 민화, 서학, 동학, 실학, 의궤, 봉기

용어 사전

군역을 대신해 옷감으로 내던 세금이다. 조선시대 세금은 크게 토지에 부과하는 전세, 특산물을 내는 공납, 노동력을 제공하는 역, 세 가지였다. 역은 다시 요역과 군역으로 나뉘었는데, 요역은 나라가 시행하는 건설 사업에 정해진 기간만큼 일해야 하는 것이다. 군역은 16세부터 60세까지 성인 남성에게 부과했는데, 복무하지 않는 대신 옷감을 납부하는 것을 말한다.

실제 생활에 도움이 되는 학문을 연구하자는 주장이다. 기존 성리학의 문제점을 고쳐 백성들의 생활에 도움이 되는 학문을 연구하자는 것으로 유교의 새로운 버전이다. 농업을 중시하는 중농학파와 상공업을 중시하는 중상학파, 우리 언어와 문화, 역사, 지리 등을 연구하는 국학파로 나뉘었다.

1860년 최제우가 만든 종교이다. '사람이 곧 하늘이다'는 인내천 사상을 내세웠으며, 서양에서 들어온 학문과 종교인 서학에 대항한다는 의미에서 이름 붙였다. 1894년 일어난 동학농민운동에서 주도적인 역할을 했으며 2대 교주 최시형을 거치며 널리 퍼졌고, 3대 교주 손병희가 천도교로 이름을 바꾸었다.

조선후기에 유행한 서민문화 가운데 그림을 말하는 것이다. 이름난 화가가 아닌 사람들이 주로 그렸는데, 누가 그렸는지 밝혀지지 않은 것이 대부분이다. 동식물이나 문자 등이 주요 소재였으며 건강, 효, 복 등 일상생활에서 바라는 내용을 표현한 그림이 많다.

왕실의 큰 행사를 글과 그림으로 기록한 것이다. 왕실의 결혼식, 왕의 탄생과 죽음, 왕의 행차 등을 자세하게 기록해 조선시대 왕실의 모습을 생생하게 알려주고 있다. 강화도 외규장각에 보관하고 있던 것은 병인양요 때 프랑스군에게 약탈당했다. 박병선 박사와 우리나라의 지속적인 반환요구로 지난 2011년 5년마다 계약 갱신해야 하는 임대형식으로 프랑스에서 우리나라로 돌아왔다.

조선후기에 들어온 서양학문을 부르는 말이다. 처음에는 중국을 통해 들어온 서양의 과학기술, 학문 등을 이르는 말이었으나 나중에는 천주교와 동일한 의미로 사용되기도 했다. 천주교가 서양학문의 하나로 들어와 우리나라에서 종교로 뿌리내렸기 때문에 생긴 현상이다.

벌떼처럼 들고일어나는 것을 뜻한다. 관리들의 부정부패와 탐관오리들의 횡포에 견디지 못한 백성들이 잘못된 세상을 바로잡기 위해 들고 일어선 것이다. 조선후기 세도정치시기에 집중되어 일어났다. 지배층 입장에서는 백성들이 자신들의 말을 듣지 않고 세상을 어지럽게 만드는 것이라고 해서 민란이라고 부른다.

	초등	중등
공통 수록	군포, 민화, 서학, 동학, 실학, 의궤, 봉기	
개별 수록		송상, 공인, 예송, 덕대

용어 사전

궁중 예법을 두고 벌어진 논쟁이다. 17대 임금 효종과 효종 부인의 죽음과 관련해서 어머니인 인조의 부인, 자의대비가 상복을 몇 년 동안 입어야 하는 문제로 서인과 남인이 대립했다. 2번에 걸쳐 일어났으며 예법 문제에서 인조의 둘째 아들로 왕위에 오른 효종의 정통성문제까지 확대되었다.

광산주인과 계약을 맺고 광산을 경영한 전문경영인이다. 조선후기에 민간에서 광산을 개발할 수 있도록 허용하자 광산주인은 자본을 투자하고 전문경영인에게 경영을 맡기는 경우가 많아졌다. 전문경영인은 노동자들을 고용하여 광물을 채굴했다.

개성을 기반으로 청나라와 무역을 주도한 상인세력이다. 조선후기 상업이 발달하자 도성 안에서 정부의 허가를 받고 장사하는 사람들과 달리 지역을 기반으로 상업 활동을 하는 '사상'이 등장했다. 의주의 만상, 평양의 유상, 한양의 경강상인, 동래의 내상 등이 개성을 기반으로 한 이 사람들과 비슷한 상인세력이었다.

나라에서 필요한 물자를 구입하여 납품하는 사람이다. 대동법 실시로 특산물을 세금으로 직접 내지 않게 되자, 나라에서 고용한 이 사람들이 전국을 돌아다니며 필요한 물품을 구입하여 납품하는 방식으로 바뀌었다.

군포, 민화, 서학, 동학, 실학, 의궤

1 실제 생활에 도움이 되는 학문을 연구하자는 주장인 (   )은 기존 성리학의 문제점을 고쳐 백성들의 생활에 도움이 되는 학문을 연구하자는 것으로 유교의 새로운 버전이다. 농업을 중시하자는 중농학파와 상업을 중시하자는 중상학파, 우리 언어와 문화 등을 연구하자는 국학파로 나뉘었다.

2 군역을 대신해 옷감으로 내던 세금이다. 조선시대 세금은 크게 토지에 부과하는 전세, 특산물을 내는 공납, 노동력을 제공하는 역, 세 가지였다. 역은 다시 요역과 군역으로 나뉘었는데, 요역은 나라가 시행하는 건설 사업에 정해진 기간만큼 일해야 하는 것이다. 군역은 16세부터 60세까지 성인 남성에게 부과했는데, 복무하지 않는 대신 (   )를 납부했다.

3 1860년 최제우가 만든 종교이다. '사람이 곧 하늘이다'는 인내천 사상을 내세웠으며, 서양에서 들어온 학문과 종교인 서학에 대항한다는 의미에서 (   )이라고 했다. 2대 교주 최시형을 거치며 널리 퍼졌고, 3대 교주 손병희가 천도교로 이름을 바꾸었다.

4 조선후기에 들어온 서양학문을 부르는 말이 (   )이다. 처음에는 중국을 통해 들어온 서양의 과학기술, 학문 등을 이르는 말이었으나 나중에는 천주교와 동일한 의미로 사용되기도 했다. 천주교가 서양학문의 하나로 들어와 우리나라에서 종교로 뿌리내렸기 때문에 생긴 현상이다.

5 조선후기에 유행한 서민문화 가운데 그림을 말하는 것이다. 대부분 누가 그렸는지 알려지지 않았고, 이름난 화가가 아닌 사람들이 주로 그렸다. 조선후기 농업과 상공업의 발달로 생겨난 서민문화 가운데 하나로 동식물과 문자를 소재로 건강, 효, 복 등 일상생활에서 바라는 내용을 표현한 그림이 (   )다.

6 왕실의 결혼식, 왕의 탄생과 죽음, 왕의 행차 등을 글과 그림으로 자세하게 기록한 (   )는 조선시대 왕실의 모습을 생생하게 알려주고 있다. 강화도 외규장각에 보관하고 있던 것은 병인양요 때 프랑스군에게 약탈당했으나 지난 2011년 5년마다 계약 갱신해야 하는 임대형식으로 프랑스에서 우리나라로 돌아왔다.

● 다음 밑줄 친 용어를 상황에 맞게 고쳐 쓰세요.

1 '사람이 곧 하늘이다'는 인내천 사상을 내세웠으며, 1860년 최제우가 민간신앙과 유교, 불교를 섞어 만든 종교는 <u>서학</u>이다.

_____

2 실제 생활에 도움이 되는 학문을 연구하자는 주장인 <u>고증학</u>은 기존 성리학의 문제점을 고쳐 백성들의 생활에 도움이 되는 학문을 연구하자는 것으로 유교의 새로운 버전이다.

_____

3 조선 후기 농업과 상공업의 발달로 서민들의 경제력이 향상되어 생겨난 문화는 <u>양반문화</u>이다.

_____

● 〈보기〉에 나오는 용어를 3개 이상 넣어 문장을 만들어 보세요.

> **보기** 군포, 민화, 서학, 동학, 실학

_____

> **보기** 예송, 송상, 덕대, 공인, 의궤

_____

● 다음 빈칸에 적당한 용어를 넣어 일기를 완성해 보세요.

영조 임금님이 군역 대신 내던 (   )를 2필에서 1필로 줄이는 균역법을 시행한다고 하셨다. 아빠는 이제야 숨 좀 돌릴 수 있게 되었다며 기뻐하셨다. 아빠 웃는 얼굴을 보니 그동안 말씀은 안 하셨지만 세금 때문에 많이 힘들어 하셨던 것 같다. 임금님 감사합니다. 앞으로도 백성들을 위한 좋은 정책 많이많이 시행해 주세요. 아빠 웃는 얼굴 자주 보고 싶어요.

7

조선후기 2

❖용어 pick

광성보, 거중기, 광혜원, 규장각, 단발령, 발해고, 별기군, 보부상, 북벌론, 탕평책, 북학의, 수신사, 연행사, 이양선, 척화비, 풍속화, 대동법, 개화파, 독립문

용어 사전

청나라 수도 연경에 보낸 우리나라 외교사절단이다. 현재 중국 수도인 베이징을 청나라시절에는 연경이라고 불렀다. 명나라를 무너뜨리고 중국을 차지한 청나라는 심양에서 연경으로 수도를 옮겼다.

강화도에 설치한 군사기지로 효종 임금 때 처음 만들어진 곳이다. 신미양요 때 어재연 장군이 미군에 맞서 싸웠다. 하지만 미군이 가진 우수한 무기를 당해내지 못하고 이곳을 지키던 어재연 장군을 비롯한 병사들 모두 전사했다.

무거운 물건을 들어 올리는 기기이다. 실학자 정약용이 개발한 것으로 도르래의 원리를 이용했다. 수원화성을 쌓는데 이용하였으며, 성곽을 쌓는데 필요한 재료를 쉽게 운반할 수 있어 공사기간을 단축하는 데 큰 도움이 되었다.

정조 임금이 설치한 개혁정책 연구기관이다. 이곳은 개혁정책을 뒷받침하고, 문예부흥을 이끌어나간 사람들이 공부하는 곳이었다. 서얼들의 등용문 역할도 했다. 정조 임금이 창덕궁 후원에 있는 왕실도서관을 탈바꿈시켰다.

성인 남성의 상투를 자르도록 나라에서 시행한 행정명령이다. 조선시대에는 여성뿐 아니라 남성도 머리를 길러 상투를 틀었다. 1895년 을미개혁 때 위생적이고 일하기 편리하다는 이유로 나라에서 상투를 자를 것을 명령했으나 오랜 관습에 따라 반발이 심했다.

특산물을 세금으로 내던 공납을 개선하여 쌀이나 옷감으로 통일시켜 거 둔 제도이다. 세금을 내던 기준도 토지소유로 바꾸어 백성들 부담이 줄 었다. 공납을 대신 납부해주고 비용을 받는 방납으로 백성들 불만이 높 아지자 나라에서 쌀이나 옷감으로 걷고, 그것으로 필요한 물품을 직접 구입하는 방식으로 바꾼 것이다. 15대 임금 광해군 때 경기도부터 시행 했다.

실학자 유득공이 발해의 역사를 쓴 책이다. 고구려가 무너지고 난 뒤 고 구려 유민들이 중심이 되어 세운 발해의 역사와 문화에 대해 소개한 책 이다. 직접 발해 영토를 답사하고 썼으며, 북국 발해와 남국 신라로 구분 한 남북국시대라는 용어를 처음 사용했다.

고종 임금 때 만든 신식군대이다. 일본과 강화도조약을 체결하고 문호 를 개방한 뒤 서양문물을 받아들이면서 만든 특별한 기술을 배운다는 뜻의 군대이다. 일본인 교관에게 훈련을 받고 임금도 높았다. 기존에 있 던 구식군대보다 대우가 좋아 구식군인들이 차별에 반발해 일으킨 임오 군란의 원인이 되기도 했다.

우리나라에 최초로 만들어진 국립 서양식 병원이다. 갑신정변이 일어난 이듬해인 1885년에 세웠으며, 미국 선교사 알렌이 주도적인 역할을 했 다. 일반백성을 치료했으며, 곧 제중원으로 이름을 바꾸었다.

지게에 물건을 지고 다니며 파는 등짐장수인 부상과 보자기에 물건을 싸서 가지고 다니며 파는 보상을 합쳐서는 부르는 말이다. 머리에 쓰는 패랭이에 솜뭉치를 달아 표식을 했으며, 시장이 발달하지 않았던 시기 에 전국을 돌아다니며 물건을 팔았다.

군사력을 키워 청나라를 정벌하자는 주장이다. 인조의 둘째아들로 소현 세자의 죽음 뒤 왕위에 오른 효종은 병자호란 때 당한 치욕을 갚기 위해 청나라를 정벌하자며 무기를 개선하고 군사력을 키웠다.

실학자 박제가가 청나라에서 배워야 할 내용에 대해 쓴 책이다. 사신단 일행으로 청나라에 다녀온 박제가는 그곳에서 보고 들은 내용들을 중심 으로 청나라를 무시할 것이 아니라 따라 배워야 한다는 주장을 펼쳤다.

강화도조약 이후 일본에 파견한 외교사절단이다. 강화도조약 이전에는 일본에 파견하는 외교사절을 통신사라고 부르며 앞선 문물을 전해주는 입장이었으나, 강화도조약을 계기로 일본을 통해 앞선 문물을 받아들인다는 의미로 바뀌었다.

모양이 다른 외국 배를 부르는 말이다. 주로 독일, 프랑스, 영국, 미국 등의 나라에서 온 배를 말했다. 그동안 우리나라와 교류가 없던 나라들이 문호를 개방하고 무역을 하자는 통상수교를 목적으로 우리나라를 찾았다.

흥선대원군이 통상수교거부정책을 알리기 위해 전국에 세운 비석이다. 병인양요, 신미양요를 겪고 난 뒤 1871년 '서양오랑캐가 침략하였는데도 싸우지 않고 화친을 주장하는 것은 나라를 팔아먹는 것과 같다'는 내용을 새겨 전국에 세웠다.

백성들의 일상 생활모습을 그린 그림이다. 특히 조선후기에 많이 그렸는데, 서민들의 생활상을 이해하는 데 도움을 주고 있다. 김홍도가 그린 씨름, 서당, 신윤복이 그린 '단오풍정', '월하정인', 김득신이 그린 '노상알현도' 등이 대표적인 작품으로 꼽히고 있다.

나라의 문호를 개방해 부국강병을 이루자고 주장한 세력이다. 박규수, 오경석, 김옥균, 박영효, 김홍집, 유길준 등이 중심인물이었으며 개혁방법을 놓고 급진파와 온건파로 세력이 나뉘어졌다. 급진파는 갑신정변을 일으켰으나 성공하지 못해 몰락했다.

영조와 정조가 붕당정치의 폐단을 줄이기 위해 실시한 정책이다. 고른 인재 등용을 통해 붕당간의 균형을 맞추고 왕권을 강화하려는 목적이었다. 영조는 이를 강조하기 위해 성균관 입구에 탕평비를 세웠다.

독립협회가 청나라 사신을 맞이하던 영은문을 헐고 그 자리에 세운 건축물이다. 프랑스 파리에 있는 개선문을 본뜬 모양으로 1896년 공사를 시작해 다음해에 완공했다. 독립협회가 국민모금으로 자금을 마련했으며 우리 민족의 자주 독립 의지를 표현한 것이다.

❖용어 비교

	초등	중등
공통 수록	광성보, 단발령, 이양선, 보부상, 별기군, 척화비, 규장각, 발해고, 북벌론, 연행사, 통신사, 풍속화, 대동법, 북학의, 개화파, 탕평책, 독립문	
개별 수록	초지진, 거중기, 경운궁, 광혜원, 수신사	당백전, 전환국, 원납전, 정한론, 기기창, 보빙사, 속오군, 박문국, 사창제, 집강소, 중명전, 호포제, 영정법, 수어청, 균역법

용어 사전

임진왜란 이후에 예비군 개념으로 만들어진 지방군이다. 양반, 상민, 지방관아에서 일하는 아전, 천민인 노비까지 모두 포함했다. 이들은 평상시에는 본업에 종사하고 전쟁이 일어났을 때는 전투에 참가하도록 했다.

상평통보보다 100배의 가치를 지닌 돈이다. 임진왜란 때 불탄 뒤 재건하지 못하던 경복궁을 다시 짓는 예산이 부족하자 흥선대원군이 재정마련을 위해 6개월 동안 일시적으로 발행한 화폐이다. 당시 사용하던 상평통보보다 100배의 가치를 지닌 이 돈이 유통되자 화폐가치 하락으로 물가가 상승해 백성들 불만이 높았다.

인조 임금 때 시행한 토지에서 거두는 세금이다. 이전에는 풍년과 흉년에 따라 세금이 달랐는데, 풍흉에 관계없이 토지 1결당 4두로 고정했다. 토지 1결은 300두를 생산할 수 있는 면적을 말하며 비옥도에 따라 면적이 달랐다. 1두는 약 16킬로그램을 말한다.

인조 임금 때 수도 방어를 위해 만든 중앙군이다. 남한산성을 중심으로 한양도성 남부를 방어하는 역할을 했다. 조선후기 중앙군은 이 부대를 포함하여 훈련도감, 어영청, 총융청, 금위영의 5군영 체제로 이루어졌다.

1883년 고종 임금이 설치한 화폐발행기관이다. 화폐의 사용량이 늘어나자 임시기구가 아닌 상설기구가 필요해져 만들었다. 화폐를 한 곳에서 대량으로 제작해 통일성과 능률성을 높이기 위한 방안이었다.

흥선대원군이 경복궁 중건비용 마련을 위해 백성들에게 걷은 기부금이다. 경복궁을 다시 짓는 비용이 부족하자 기부금 명목으로 백성들에게 자발적으로 내도록 했으나, 사실상 강제로 걷어 백성들 불만이 높았다. 흥선대원군이 민심을 잃는 데 큰 역할을 했다.

일본이 조선을 무력으로 점령해야 한다는 이론이다. 19세기 후반 일본 정치인들이 적극적으로 주장하기 시작했으며, 1868년 메이지유신을 전후하여 일본 내에 생긴 문제를 해결하기 위한 방책이었다.

1905년 을사늑약이 강제로 체결된 장소이다. 러시아공사관에서 돌아온 고종황제가 황실도서관으로 지은 건물이었으나, 덕수궁의 다른 건물들이 화재로 불에 타 버려 이곳에서 나라 일을 처리했다.

흥선대원군이 부족한 재정을 보충하기 위해 양반에게도 군포를 부과한 제도이다. 그동안 양반은 군대를 가지 않는 대신 군포를 납부하던 군역을 면제받고 있었다. 하지만 양반의 숫자가 많아지고 상민의 수가 줄어들어 상민의 부담이 커지자 양반에게도 군포를 부가하여 국가 재정을 확충하고자 했다.

1883년 고종 임금이 설치한 신식무기 제작 공장이다. 개항 이후 청나라에 보낸 영선사가 보고 온 내용을 토대로 신식무기를 만들어 국방력을 강화하기 위한 목적이었다.

1882년 조미수호통상조약을 체결한 뒤 미국에 보낸 외교사절단이다. 1883년 답방 형식으로 보내졌으며, 민영익, 홍영식, 서광범, 유길준 등이 중심인물이었다. 조미수호통상조약은 서양과 맺은 최초의 조약이지만 최혜국대우와 치외법권을 보장하는 불평등조약이었다.

1883년 고종 임금이 설치한 국립 인쇄소이다. 이곳은 정부에서 필요로 하는 인쇄 및 출판에 관한 업무를 맡았으며, 우리나라 최초의 신문인 한성순보를 발행했다. 한성순보는 순한문으로 된 관용신문으로 10일에 한 번 발행했다.

홍선대원군이 환곡의 폐단을 극복하기 위해 실시한 정책이다. 환곡은 봄에 곡식을 빌려주고 가을에 되돌려 받는 방식으로 가난한 백성을 구제하기 위한 정책이었다. 하지만 관리들이 비싼 이자를 붙여 백성을 수탈하는 수단으로 바뀌자 환곡을 폐지하고 민간에서 곡식을 빌려주고 이자를 받을 수 있도록 한 제도이다.

동학농민군이 정부와 전주화약을 맺고 전라도지역에 설치한 관청이다. 동학농민운동 당시 정부요청에 따라 청나라와 일본이 군대를 파병하자, 외세가 들어올 명분을 없애기 위해 농민군은 정부와 전주화약을 맺고 해산했다. 이때 설치한 기관으로 농민들이 직접 치안과 행정을 담당한 곳이었다.

영조 임금이 군대를 가지 않는 대신 내던 군포를 2필에서 1필로 줄인 정책이다. 세금의 한 종류인 군역은 일정기간 군복무를 해야 하는 것인데, 이를 가지 않고 군포로 대신할 수 있었다.

용어 확인

광성보, 거중기, 단발령, 별기군, 보부상, 북벌론, 수신사, 연행사, 탕평책,
이양선, 척화비, 풍속화, 대동법, 개화파, 발해고, 광혜원, 규장각

1 청나라수도 연경에 보낸 우리나라 외교사절단이 (   )다. 현재 중국 수도인 베이징을 청나라시절에는 연경이라고 불렀다. 명나라를 무너뜨리고 중국을 차지한 청나라는 심양에서 연경으로 수도를 옮겼다.

2 신미양요 때 어재연 장군이 미군에 맞서 싸운 (   )는 강화도에 설치한 군사기지로 효종 임금 때 처음 만들어졌다. 신미양요 당시 미군이 가진 우수한 무기를 당해내지 못하고 이곳을 지키던 어재연 장군을 비롯한 병사들 모두 전사했다.

3 실학자 정약용이 개발한 것으로 도르래의 원리를 이용한 (   )는 무거운 물건을 들어 올리는 기기이다. 수원화성을 쌓는 데 이용했으며, 성곽을 쌓는데 필요한 재료를 쉽게 운반할 수 있어 공사기간을 단축하는 데 큰 도움이 되었다.

4 정조 임금이 창덕궁 후원에 있는 왕실도서관을 개혁정책을 뒷받침하는 (   )으로 탈바꿈시켰다. 이곳은 정조의 개혁정책을 뒷받침하고, 문예부흥을 이끌어나간 사람들이 공부하는 곳이었다.

5 1895년 을미개혁 때 위생적이고 일하기 편리하다는 이유로 나라에서 상투를 자르는 (   )을 시행했으나 오랜 관습에 따라 반발이 심했다.

6 특산물을 세금으로 내던 공납을 개선하여 쌀이나 옷감으로 통일하여 내도록 한 (   )실시로 백성들 부담이 줄어들었다. 또 세금을 내던 기준도 토지소유로 바뀌었다. 15대 임금 광해군 때 경기도에서 시작해 19대 임금 숙종 때 전국에서 시행되었다.

7 고구려가 무너지고 난 뒤 고구려 유민들이 중심이 되어 세운 발해의 역사와 문화에 대해 유득공이 쓴 책이 (   )다. 직접 발해 영토를 답사하고 썼으며, 북국 발해와 남국 신라로 구분한 남북국시대라는 용어를 처음 사용했다.

8 일본과 강화도조약을 체결하고 문호를 개방한 뒤 서양문물을 받아들이면서 만든 신식군대인 (   )은 특별한 기술을 배운다는 뜻으로 일본인 교관에게 훈련받고 임금도 높았다. 기존에 있던 구식군대보다 대우가 좋아 구식군인들이 차별에 반발해 일으킨 임오군란의 원인이 되기도 했다.

9 우리나라에 최초로 만들어진 국립 서양식 병원인 (   )은 갑신정변이 일어난 이듬해인 1885년에 세웠으며, 미국 선교사 알렌이 주도적인 역할을 했다. 일반백성을 치료했으며, 곧 제중원으로 이름을 바꾸었다.

10 지게에 물건을 지고 다니며 파는 등짐장수인 부상과 보자기에 물건을 싸서 가지고 다니며 파는 보상을 합쳐서는 부르는 말이 (   )이다. 머리에 쓰는 패랭이에 솜뭉치를 달아 표식을 했으며, 시장이 발달하지 않았던 시기에 전국을 돌아다니며 물건을 팔았다.

11 인조 임금의 둘째아들로 소현세자의 죽음 뒤 왕위에 오른 효종 임금은 (   )을 내세웠다. 병자호란 때 당한 치욕을 갚기 위해 군사력을 키워 청나라를 정벌하자고 했다.

12 강화도조약 이전에는 일본에 파견하는 외교사절단을 통신사라고 부르며 앞선 문물을 전해주는 입장이었으나, 강화도조약을 계기로 일본을 통해 앞선 문물을 받아들인다는 (   )로 바꿨었다.

13 독일, 프랑스, 영국, 미국 등의 나라에서 온 모양이 다른 외국 배를 (   )이라고 했다. 그동안 우리나라와 교류가 없던 나라들이 문호를 개방하고 무역을 하자는 통상수교를 목적으로 우리나라를 찾았다.

14 흥선대원군은 병인양요, 신미양요를 겪고 1871년 '서양오랑캐가 침략하였는데도 싸우지 않고 화친을 주장하는 것은 나라를 팔아먹는 것과 같다'는 내용을 새긴 (   )를 전국에 세웠다. 서양과 교류하지 않겠다는 통상수교거부정책을 알리기 위함이었다.

15 백성들의 일상 생활모습을 그린 그림인 (   )는 서민들의 생활상을 이해하는데 도움을 주고 있다. 김홍도가 그린 씨름, 서당, 신윤복이 그린 '단오풍정', '월하정인', 김득신이 그린 '노상알현도' 등이 대표적인 작품으로 꼽히고 있다.

16 박규수, 오경석, 김옥균, 박영효, 김홍집, 유길준 등이 중심인물인 (   )는 개혁방법을 놓고 급진파와 온건파로 세력이 나뉘어졌다. 이들은 나라의 문호를 개방해 부국강병을 이루자고 주장한 세력이다. 급진파는 갑신정변을 일으켰으나 성공하지 못해 몰락했다.

17 영조 임금과 정조 임금이 붕당정치의 폐단을 줄이기 위해 실시한 정책인 (   )은 고른 인재 등용을 통해 붕당간의 균형을 맞추고 왕권을 강화하려는 목적이었다. 영조는 이를 강조하기 위해 성균관 입구에 탕평비를 세웠다.

● 다음 밑줄 친 용어를 상황에 맞게 고쳐 쓰세요.

1 흥선대원군은 서양세력이 침략해 문호를 개방하고 교류할 것을 요구하자 전국에 <u>탕평비</u>를 세워 통상수교거부정책을 널리 알렸다.

_____

2 15대 임금 광해군 때 경기도에서 시작한 <u>영정법</u>은 특산물을 세금으로 내던 공납을 개선하여 쌀이나 옷감으로 통일하여 내도록 했으며 부과 기준도 토지소유로 바꾸어 백성들 부담이 줄었다.

_____

3 정조 임금이 창덕궁 후원에 있는 왕실도서관을 개혁정책을 뒷받침하는 <u>집현전</u>으로 탈바꿈시켰다. 이곳은 정조의 개혁정책을 뒷받침하고, 문예부흥을 이끌어나간 사람들이 공부하는 곳이었다.

_____

● 〈보기〉에 나오는 용어를 3개 이상 넣어 문장을 만들어 보세요.

보기 광성보, 이양선, 척화비, 개화파

_____

_____

보기 탕평책, 규장각, 균역법, 영정법, 대동법

_____

_____

● 다음 빈칸에 적당한 용어를 넣어 일기를 완성해 보세요.

우리 가족이 살고 있는 곳은 경상도 내륙 지방이다. 바다는 구경도 해보지 못했는데, 공납으로 생선이 정해져 그동안 무지하게 고생했다. 공납은 특산물을 세금으로 내는 것인데, 생선은 우리 동네 특산물도 아닌데, 이런 억지가 없다. 나라에서 필요한 물품을 각 지역으로 나누다보니 생긴 문제라고 이해하고 싶지만 공납 내는 시기만 되면 생선 값이 어찌나 오르는지. 미리 사놓을 수도 없고. 이것 때문에 부모님이 무척 고생하셨다. 그런데 이번에 임금님이 백성들 부담을 줄이고자 특산물이 아닌 쌀이나 옷감으로 내는 (   )을 실시한다고 하니, 동네 사람들 모두 신이 난 얼굴이다.

8 조선후기 3

❖용어 pick

갑신정변, 수원화성, 모내기법, 신미양요, 목민심서, 을미사변, 병인양요, 사서삼경, 서민문화, 우정총국, 경세유표, 세도정치, 열하일기, 임오군란, 자산어보, 천주실의, 청일전쟁, 탐관오리, 정족산성, 갑오개혁, 외규장각

용어 사전

1884년 급진개화파가 일으킨 정치개혁운동이다. 김옥균, 박영효, 홍영식, 서재필 등이 주도했으며, 우정총국 개국 축하연 때 근대 자주 국가 수립을 목표로 일으켰다. 하지만 일본에 의존했고, 민심을 얻지 못했다. 청나라의 개입으로 3일 만에 마무리되어 3일천하로 불리기도 한다.

1894년부터 1896년까지 온건개화파가 주도한 근대적 개혁이다. 갑신정변과 동학농민운동에서 주장한 내용을 반영한 신분제 폐지, 과거제 폐지, 과부재혼 허용 등은 환영을 받았다. 정치, 경제, 사회, 교육 등 나라 전반에 걸친 근대적 개혁이라는 점에서 의의가 있다. 하지만 일본의 지지를 바탕으로 진행했기에 일본의 의도가 많이 반영되었고, 토지제도 개혁, 상공업 발달 등의 내용이 빠진 것은 한계로 지적되고 있다.

실학자 정약용이 행정기구 개편을 비롯하여 나라 운영과 관련된 제도 개혁방향을 제시한 책이다. 목민심서, 흠흠신서와 더불어 정약용의 대표 저서로 꼽히고 있다. 유배지인 전라남도 강진에서 저술하였으며, 나라 전체의 개혁만이 지금의 위기를 극복하고 나라를 유지할 수 있다는 입장을 제시했다.

조선후기에 도입한 모종을 옮겨 심는 농사법이다. 모판에 따로 모를 길러 옮겨 심는 방법으로 이모작이 가능하게 했다. 벼를 수확한 뒤에 보리를 심어 봄에 수확하고, 다시 벼를 심는 방식이었다. 이전에는 보리 수확 시기와 벼 파종 시기가 겹쳐 이모작을 할 수 없었으나 따로 모종을 키워 옮겨 심는 방법으로 이 문제를 해결했다.

정조 임금이 세운 계획도시이다. 아버지 사도세자의 무덤을 옮기면서 건설이 시작되었으며 상업도시 겸 군사도시로 만들었다. 총책임자는 채제공이었으며, 설계책임자는 정약용이었다. 정약용은 거중기, 녹로 등 새로운 기기를 제작하여 공사기간을 크게 단축시켰다. 또한 각 구역에 공사 책임자를 정하고, 인부들에게 임금을 지급했다.

1871년 미국이 제너럴셔먼호 사건을 이유로 통상을 요구하며 강화도를 침략한 사건이다. 미군이 강화도를 점령하자 어재연 장군이 광성보에서 맞서 싸웠지만 병사들까지 전원 전사했다. 미군은 수군대장기인 '수자기'를 챙겨서 물러갔다.

정약용이 지방고을을 다스리는 관리들이 갖추어야 할 자질에 대해 쓴 책이다. 세도정치시기 관리들의 부정부패가 심해 백성들의 생활이 어려웠다. 이러한 상황에서 관리들이 해야 할 일과 당시 관리들의 행태에 대해 비판하는 내용이 담겨있다.

1866년 병인박해를 이유로 프랑스가 통상을 요구하며 강화도를 침략한 사건이다. 병인박해는 프랑스인 선교사 8명과 우리나라 천주교신자 수천 명을 처형한 사건이다. 양헌수 장군이 정족산성에서 프랑스군을 이겼으며, 프랑스군은 외규장각에 보관하고 있던 의궤를 약탈한 뒤 불을 지르고 물러갔다.

유교 교육의 기본이자 핵심 경전을 말한다. 논어, 맹자, 중용, 대학 그리고 시경, 서경, 주역을 합쳐서 부르는 말이다. 여기에 춘추와 예기를 더해 다섯 권의 경전이라는 뜻으로 오경이라고 부르기도 한다.

조선후기에 새롭게 나타난 문화양상이다. 조선후기 농업과 상공업의 발달로 서민들의 경제수준이 향상되자, 서민들도 문화소비자가 될 수 있었다. 한글소설, 판소리, 탈놀이, 민화 등이 서민들을 위한 문화로 자리 잡았다.

1884년에 만들어진 우편업무를 담당하는 기관이다. 오늘날의 우체국 역할을 하던 곳으로, 급진 개화파인 홍영식이 책임자였다. 이곳에서 급진 개화파들이 갑신정변을 일으키자 업무가 중단되었고 1895년부터 다시 업무를 시작했다.

특정 가문이 권력을 잡고 나라를 좌지우지하는 정치현상이다. 순조 헌종 철종 3대 60여 년 동안 안동김씨, 풍양조씨, 반남박씨 등 특정 가문이 권력을 독점하고 부정부패를 일삼았던 시기를 말한다. 관직을 사고파는 매관매직이 성행했으며 왕의 권력은 크게 약해졌다.

실학자 박지원이 쓴 여행기이다. 박지원이 청나라로 가는 외교사절단인 연행사의 구성원으로 청나라에 다녀오면서 보고 들은 이야기를 쓴 책이다. 우리나라의 발전을 위해서 청나라의 앞선 문물을 받아들여야 한다고 주장했다.

정조 임금이 강화도에 만든 왕실도서관이다. 창덕궁 안에 있는 왕실도서관과 달리 외부에 만든 왕실도서관이라고 해서 바깥 '외'자가 붙여졌다. 이곳에는 왕이 보는 어람용 의궤를 비롯하여 여러 문서를 보관하고 있었으나 병인양요 때 프랑스군이 약탈하고 불태웠다.

1895년 일본이 경복궁에 자객을 보내 명성황후를 시해한 사건이다. 청일전쟁에서 승리한 일본을 견제하기 위해 러시아와 친하게 지내려 하자, 일본은 그 배후에 명성황후가 있다고 여기며 '여우사냥'이라는 이름을 붙여 명성황후를 시해했다.

1882년 구식군인들이 차별에 항의해 일으킨 사건이다. 강화도조약을 맺은 뒤 서양 문물을 받아들여 개화정책이 시행되었다. 군대에도 신식 군대인 별기군이 만들어져 좋은 대접을 받았다. 그러자 상대적으로 차별받던 구식군인들이 불만을 표출하며 일으킨 사건이다.

정약전이 쓴 어류도감이다. 정약용의 형인 정약전은 천주교신자라는 이유로 흑산도로 유배를 갔다. 이곳에서 물고기, 조개 등 수산 생물과 식물에 대해 본인이 관찰하고 연구한 것에 기존 문헌을 덧붙여 쓴 우리나라 어류도감이다.

이탈리아 신부 마테오리치가 한문으로 번역한 천주교 교리책이다. 중국 북경으로 선교활동을 왔던 마테오리치는 천주교 교리를 한문으로 번역하여 전파했다. 우리나라에는 중국에 사신으로 갔던 이수광이 들여와 소개했다.

1894년 청나라와 일본이 조선을 차지하기 위해 벌인 전쟁이다. 동학농민운동 때 우리나라에 군대를 파병한 청나라와 일본이 우리나라에서 벌인 전쟁이다. 일본은 이 전쟁에서 승리하고 청나라와 시모노세키 조약을 맺어 우리나라에 대한 영향력을 확대했다.

욕심이 많고 행실이 바르지 못한 관리이다. 자신의 지위를 이용하여 정해진 양보다 더 많은 세금을 거두어들여 이익을 취하고 백성을 괴롭히는 행실이 바르지 못한 관리들을 부르는 말이다.

강화도에 있는 산성으로 병인양요 때 프랑스군과 전투가 벌어진 곳이다. 단군왕검의 세 아들이 쌓았다는 전설이 전해져 삼랑성으로도 부른다. 프랑스가 통상을 요구하며 쳐들어 온 병인양요 때 양헌수 장군이 이끄는 부대가 이곳에서 프랑스 군대를 물리쳤다. 성안에는 양헌수장군의 승전비가 있다.

❖용어 비교

	초등	중등
공통 수록	갑신정변, 수원화성, 갑오개혁, 병인양요, 열하일기, 신미양요, 임오군란, 청일전쟁, 우정총국, 천주실의, 을미사변, 모내기법, 서민문화, 세도정치, 정족산성	
개별 수록	경세유표, 목민심서, 사서삼경, 외규장각, 자산어보, 탐관오리	대전회통, 삼국간섭, 전주화약, 조선책략, 서원철폐, 을미개혁, 치외법권, 홍범14조

용어 사전

다른 나라에 있으면서 그 나라의 법 적용을 받지 않는 권리이다. 우리나라에서는 1876년 일본과 맺은 강화도조약에 처음 등장했으며, 특정 지역이나 일본인들에 대해 우리나라 법 적용을 할 수 없도록 만든 것이다.

갑오개혁 때 개혁의 기본방향을 담아 반포한 우리나라 첫 헌법이다. 청나라와의 사대 관계 단절, 교육입국조서 반포를 통한 교육개혁, 행정구역 및 제도 개편 등의 내용을 담았다.

러시아, 프랑스, 독일이 일본을 압박한 사건이다. 청일전쟁에서 승리한 일본은 청나라와 시모노세키 조약을 맺고 타이완과 랴오둥 반도를 얻었다. 이때 연해주를 차지하고 세력을 키우고 있던 러시아가 중심이 되어 일본을 압박하고 랴오둥반도를 청나라에 돌려주게 한 사건이다.

동학농민군과 정부가 전주성에서 맺은 약속이다. 1894년 일어난 동학농민운동 당시 농민군은 전주성을 점령하고 정부와 여러 가지 약속을 담은 조약을 맺었다. 삼정의 문란을 해결하고 신분제를 폐지할 것 등의 요구사항이 담겼다.

청나라 외교관인 황쭌셴이 조선의 외교방향에 대해 쓴 책이다. 일본에 있는 청나라 공사관에 근무한 그는 러시아의 남하를 막기 위해 조선은 청나라, 일본, 미국과 연맹을 맺어야 한다고 했다. 조선이 미국과 수교를 하는 바탕이 되었다.

흥선대원군이 전국에 47개만 남기고 600여 개에 이르는 서원을 폐쇄한 사건이다. 서원이 선현에 대한 제사를 지내고 후진을 양성한다는 본래 목적에서 벗어나 붕당의 근거지, 재산 은닉, 백성 수탈 등의 기관으로 바뀌어 백성들의 원성이 높았다.

1895년 을미사변이후 추진된 개혁이다. 을미사변은 일본 자객에 의해 명성황후가 시해된 사건이다. 상투를 자르는 단발령 실시와 연호 사용 등을 추진했지만, 명성황후 시해로 인한 일본에 대한 반발이 커져 의병이 일어나는 계기가 되었다.

고종 임금 때 기존의 법률을 정리하여 펴낸 법전이다. 성종 임금이 편찬한 경국대전 이후 변화된 사회에 맞추어 영조 임금 때는 대전통편이, 정조 임금 때는 속대전이 편찬되었다. 이 법전도 변화된 사회에 발맞추어 정리한 내용이다.

갑신정변, 수원화성, 모내기법, 신미양요, 목민심서, 을미사변, 병인양요, 서민문화, 우정총국,
세도정치, 열하일기, 임오군란, 청일전쟁, 갑오개혁, 외규장각, 천주실의

1 1884년 김옥균, 박영효, 홍영식, 서재필 등 급진개화파가 주도했으며, 우정총국 개국 축하연 때 근대 자주 국가 수립을 목표로 일으킨 정변이 (   )이다. 하지만 일본에 의존했고, 민심을 얻지 못했다. 청나라의 개입으로 3일 만에 마무리되어 3일천하로 불리기도 한다.

2 1894년부터 1896년까지 온건개화파가 주도한 근대적 개혁인 (   )은 갑신정변과 동학농민운동에서 주장한 내용을 반영한 신분제 폐지, 과거제 폐지, 과부재혼 허용 등은 환영을 받았다. 하지만 일본의 지지를 바탕으로 진행했기에 일본의 의도가 많이 반영되었고, 토지제도 개혁, 상공업 발달 등의 내용이 빠진 것은 한계로 지적되고 있다.

3 모판에 따로 모를 길러 옮겨 심는 방법인 (   )은 이모작이 가능하게 했다. 벼를 수확한 뒤에 보리를 심어 봄에 수확하고, 다시 벼를 심는 방식이었다. 이전에는 보리 수확시기와 벼 파종 시기가 겹쳐 이모작을 할 수 없었으나 따로 모종을 키워 옮겨 심는 방법으로 이 문제를 해결했다.

4 정조 임금이 세운 계획도시이다. 아버지 사도세자의 무덤을 옮기면서 건설이 시작된 (   )은 정조 임금이 세운 계획도시로 상업도시 겸 군사도시였다. 총책임자는 채제공이었으며, 설계책임자는 정약용이었다. 정약용은 거중기, 녹로 등 새로운 기기를 제작하여 공사기간을 크게 단축시켰다. 또한 각 구역에 공사 책임자를 정하고, 인부들에게 임금을 지급했다.

5 1871년 미국이 제너럴셔먼호 사건을 이유로 통상을 요구하며 강화도를 침략한 사건이 (   )다. 미군이 강화도를 점령하자 어재연 장군이 광성보에서 맞서 싸웠지만 병사들까지 전원 전사했다. 미군은 수군대장기인 수자기를 챙겨서 물러갔다.

6 정약용이 지방고을을 다스리는 관리들이 갖추어야 할 자질에 대해 쓴 책 (   )는 관리들이 해야 할 일과 당시 관리들의 행태에 대해 비판하는 내용이 담겨있다.

7 1866년 일어난 (   )는 병인박해를 이유로 프랑스가 통상을 요구하며 강화도를 침략한 사건이다. 양헌수 장군이 정족산성에서 프랑스군을 이기자 프랑스군은 외규장각에 보관하고 있던 의궤를 약탈한 뒤 불을 지르고 물러갔다. 병인박해는 프랑스인 선교사 8명과 우리나라 천주교신자 수천 명을 처형한 사건이다.

8 조선후기 농업과 상공업의 발달로 서민들의 경제수준이 향상되자, 서민들도 문화소비자가 될 수 있었다. 한글소설, 판소리, 탈놀이, 민화 등이 서민들을 위한 문화로 자리 잡은 (   ) 가 생겨났다.

9 오늘날의 우체국 역할을 하던 곳으로, 우편업무를 담당하는 기관이 (   ) 이다. 이곳에서 급진 개화파들이 갑신정변을 일으키자 업무가 중단되었고 1895년부터 업무를 다시 시작했다.

10 순조 헌종 철종 3대 60여 년 동안 안동김씨, 풍양조씨, 반남박씨 등 특정 가문이 권력을 독점하고 부정부패를 일삼았던 (   ) 시기에는 관직을 사고파는 매관매직이 성행했으며 왕의 권력은 크게 약해졌다.

11 박지원이 청나라로 가는 외교사절단인 연행사의 구성원으로 청나라에 다녀오면서 보고 경험하고 들은 이야기를 쓴 여행기가 (   ) 다. 열하는 청나라 황제의 여름 별장이 있는 지역이다.

12 정조 임금이 강화도에 만든 왕실도서관이다. 창덕궁 안에 있는 왕실도서관과 달리 외부에 만든 왕실도 서관이라고 해서 바깥 '외'자가 붙여졌다. (   ) 에는 왕이 보는 어람용 의궤를 비롯하여 여러 문서를 보관하고 있었으나 병인양요 때 프랑스군이 약탈하고 불태웠다.

13 명성황후는 청일전쟁에서 승리한 일본을 견제하기 위해 러시아와 친하게 지내려 했다. 그러자 일본은 '여우사냥'이라는 이름으로 자객을 보내 1895년 경복궁에서 명성황후를 시해하는 (   ) 을 일으켰다.

14 강화도조약을 맺은 뒤 서양 문물을 받아들여 개화정책이 시행되었다. 군대에도 신식군대인 별기군이 만들어져 좋은 대접을 받았다. 그러자 상대적으로 차별받던 구식군인들이 불만을 표출하며 1882년 일으킨 사건이 (   ) 이다.

15 이탈리아 신부 마테오리치가 한문으로 번역한 천주교 교리책이 (   ) 다. 우리나라에는 중국에 사신으로 갔던 이수광이 들여와 소개했다.

16 1894년 청나라와 일본이 조선을 차지하기 위해 벌인 전쟁이 (   ) 이다. 일본은 이 전쟁에서 승리하고 청나라와 시모노세키 조약을 맺어 우리나라에 대한 영향력을 확대했다.

● 다음 밑줄 친 용어를 설명에 맞게 고쳐 쓰세요.

1 순조 헌종 철종 3대 60여 년 동안 안동김씨, 풍양조씨, 반남박씨 등 특정 가문이 권력을 독점하고 부정부패를 일상았던 시기는 <u>삼국간섭</u> 시기이다.

2 1866년 일어난 <u>신미양요</u>는 병인박해를 이유로 프랑스가 통상을 요구하며 강화도를 침략한 사건이다.

3 18거년 일어난 <u>병인양요</u>는 미국이 제너럴셔먼호 사건을 이유로 통상을 요구하며 강화도를 침략한 사건이다.

● 〈보기〉에 나오는 용어를 3개 이상 넣어 문장을 만들어 보세요.

> **보기** 갑신정변, 우정총국, 갑오개혁, 을미개혁, 홍범14조

> **보기** 병인양요, 신미양요, 을미사변, 외규장각, 정족산성

● 다음 빈칸에 알맞은 용어를 넣어 일기를 완성해 보세요.

> 흉흉한 소문이 돌기 시작했다. 일본이 경복궁에 자객을 보내 명성황후를 시해한 (   )이 일어났다고 한다. 아니, 어떻게 그럴 수가 있지. 우리나라를 상징하는 경복궁에 자객이 침입한 것도, 명성황후를 시해한 것도 도저히 용서가 안 된다. 내가 빨리 어른이 되어서 복수해 주어야겠다. 일본, 기다려라.

조선후기 4

❖용어 pick

강화도조약, 대동여지도, 인내천사상, 곤여만국전도, 동학농민운동, 화성성역의궤, 후천개벽사상, 임술농민봉기, 진주농민봉기, 급진개화파, 운요호사건

용어 사전

강화도조약 체결의 배경이 된 사건이다. 1875년 일본 군함 운요호가 우리나라 수군의 제지에도 불구하고, 강화도 앞 바다에 불법 침입하여 마실 물을 구한다는 이유로 상륙하고 해안을 마음대로 측량했다. 우리나라 수군이 방어를 목적으로 공격하자, 포격을 가했고 이 사건의 책임을 묻는다는 이유를 들어 강화도조약 체결을 강요했다.

실학자 김정호가 그린 우리나라 지도이다. 기존 지도를 종합해 제작했으며 인쇄를 통해 보다 많은 사람이 이용할 수 있도록 목판본으로 제작했다. 10리마다 점을 찍어 거리를 표시했고, 전국을 22구역으로 구분하여 필요한 지역만 가지고 다닐 수 있도록 했다.

1876년 우리나라가 일본과 맺은 최초의 근대적 불평등조약이다. 미국에 의해 강제 개항한 일본은 똑같은 방식인 운요호 사건을 일으켜 우리나라를 강제 개항시켰다. 부산, 원산, 인천 세 개의 항구를 개항했고, 일본 상품에 대한 무관세, 치외법권 허용 등 일본에게만 유리한 불평등 조약이었다.

서양문물의 수용뿐만 아니라 정치제도까지 바꾸자고 주장한 개화파세력이다. 개화파는 나라의 문을 열고 서양문물을 수용하자고 주장한 세력이다. 김옥균, 박영효, 홍영식, 서재필 등이 주요 인물이었으며 우리나라를 근대국가로 만들기 위한 갑신정변을 일으켰으나 실패했다.

1862년 경상도 진주에서 탐관오리의 횡포에 맞서 농민들이 봉기한 사건이다. 유계춘이 중심이 되어 잘못된 세금징수를 바로잡고자 했으며, 진주성을 점령한 뒤 해산했다. 이를 계기로 전국 각지의 농민들이 봉기를 일으키는 임술농민봉기가 일어났다. 당시는 세도정치로 인해 전국적으로 탐관오리의 횡포가 극에 달했던 시기였다.

'사람이 곧 하늘이다'는 뜻을 가진 동학의 기본 사상이다. 모든 사람은 소중하다는 뜻으로 평등사상의 의미를 지녔다. 동학은 1860년 최제우가 창시한 종교로 서학인 천주교에 대항한다는 뜻을 가졌다.

숙종 임금 때 제작한 세계지도이다. 조선 전기 태종 임금 때 그린 세계지도인 혼일강리역대국도지도보다 더 자세하고 세계의 모양을 이해하는 데 도움이 되었다. 중국에서 활동하던 이탈리아 선교사 마테오리치가 그린 지도를 참고해 우리나라에서 다시 그린 것이다.

1894년 동학교도가 주축이 된 농민들이 탐관오리의 횡포에 맞서 일으킨 농민봉기이다. 고부군수 조병갑의 횡포에 맞서 고부지역 농민들이 봉기한 것이 시작이었으며, 전라도를 비롯한 전국각지에서 농민들이 들고 일어나 잘못된 정치와 세상을 바로잡으려고 했다.

화성건설과 관련한 내용을 기록한 책이다. 정조 임금 때 건설한 신도시, 수원화성의 건설과정을 관련 자료를 모아 편찬한 책이다. 수원화성을 완공하고 난 뒤에 제작했으며 첫 인쇄는 1801년에 했다.

새로운 세상이 열린다는 동학의 기본 사상이다. 인내천 사상과 더불어 동학의 기본 사상으로 지금의 힘든 시절은 끝이 나고, 살기 좋은 새로운 세상이 열린다는 뜻이다. 지금의 세상을 선천, 이루어지길 바라는 세상을 후천으로 표현했다.

1862년 임술년에 진주농민봉기를 시작으로 전국 각지에서 농민들이 들고 일어난 사건이다. 농민들은 삼정의 문란을 바로 잡기를 요구했으며, 농민들의 봉기에 놀란 정부는 삼정이정청을 설치해 바로 잡으려 했지만 큰 성과를 거두지는 못했다. 삼정의 문란은 전정, 군정, 환곡의 문란을 뜻하는 말로 곧 세금제도의 문란이었다.

❖용어 비교

	초등	중등
공통 수록	대동여지도, 강화도조약, 진주농민봉기, 급진개화파, 동학농민운동, 임술농민봉기, 곤여만국전도, 화성성역의궤, 인내천사상, 운요호사건	
개별 수록	후천개벽사상	노상알현도, 온건개화파, 우금치전투, 거문도사건, 관민공동회, 제물포조약, 조사시찰단, 황토현전투, 고부농민봉기, 백두산정계비, 제너럴셔먼호사건, 위정척사운동, 통리기무아문, 조미수호통상조약, 조청상민수륙무역장정, 통상수교거부정책, 오페르트도굴사건, 노비종모법, 인왕제색도

용어 사전

조선후기 화가인 김득신이 그린 풍속화이다. 길에서 우연히 만난 양반에게 지나가던 상민(평민)이 엎드려 인사하는 장면으로 신분제도 아래에서의 생활상을 보여주고 있다.

정부와의 협력을 통해 점진적인 개혁을 추진하자고 주장한 개화파세력이다. 김홍집, 어윤중, 김윤식 등이 속했다. 유교적인 질서는 계속 유지하되, 서양의 과학기술은 받아들이자는 주장을 펼쳤다.

동학농민군과 일본군 사이에 공주 우금치에서 벌어진 전투이다. 관군은 일본군과 합세하여 농민군을 공격했다. 충청도 공주를 넘어 한양으로 진격하려던 농민군은 이 전투에서 패하면서 흩어졌다. 지방으로 몸을 피한 농민군 지도자 전봉준장군은 부하 김경천의 밀고로 체포되었다.

영국이 러시아의 남하를 견제한다는 명분으로 남해에 있는 섬을 불법적으로 점령한 사건이다. 러시아가 1860년 연해주지역을 차지하고, 동아시아 지역에 대한 세력을 키우자 영국이 1885년부터 1887년까지 2년간 머물며 러시아에게 무력시위를 한 것이다. 우리나라 영토에서 벌어진 사건이지만 당시 정부는 제대로 대응하지 못했다.

독립협회 주최로 일반 백성부터 정부 관리까지 포함하여 열린 정치집회이다. 독립협회가 백성들을 대상으로 주최한 만민공동회에 정부 관리를 추가한 집회이다. 백성과 관리가 한마음이 되었을 때 진정한 개혁을 추진할 수 있다는 의미가 담겼다. 개혁의 방향을 담은 '헌의6조'를 채택하고, 정부에 제출했다.

임오군란으로 생긴 문제를 처리하기 위해 일본과 맺은 조약이다. 1882년 일어난 임오군란은 신식군대인 별기군과의 차별대우에 항의해 구식군인들이 일으킨 난이다. 일본공사관이 불타고 일본군인 몇 명이 살해되자, 배상금 지급 및 일본공사관 경비를 위해 일본군이 주둔하도록 한 것이 주요 내용이다.

정부가 근대문물 조사를 위해 일본에 몰래 파견한 관리들이다. 1876년 강화도조약 체결 이후 근대 문물을 받아들이기 위해 일본에 수신사라는 공식단체를 보냈다. 그러나 이와 별도로 비밀리에 파견해 약 4개월 동안 일본을 두루 관찰하고 돌아와 보고하도록 했다. 이들의 보고내용을 개화정책에 참고했다.

동학농민군이 전라도 정읍 황토현에서 관군을 크게 이긴 전투이다. 전라도 고부를 시작으로 농민군의 세력이 커지자, 정부가 진압에 나섰으나 오히려 관군 800여 명이 다치고 죽는 큰 피해를 입었다. 이 전투를 계기로 농민군의 사기는 오르고, 관군의 사기는 낮아졌다.

전라도 고부지역 농민들이 고부군수 조병갑의 횡포에 맞서 일으킨 농민봉기이다. 조병갑은 온갖 방법으로 추가 세금을 거두어들여 자기 주머니로 챙겼다. 전봉준을 중심으로 농민 1000여 명이 모여 고부관아를 습격했다. 하지만 정부에서 파견한 안핵사 이용태가 봉기의 책임을 농민 탓으로 돌려 동학농민운동으로 이어졌다.

숙종 임금 때 조선과 청나라의 국경을 표시하기 위해 백두산에 세운 비석이다. 조선과 청나라 관리가 함께 현장을 답사한 뒤에 세웠으나, 비석에 새겨져 있는 토문강의 해석을 두고 조선과 청나라의 입장이 달랐다. 조선은 토문강으로 해석해 간도를 우리 땅으로, 청나라는 두만강으로 해석해 간도를 청나라 땅으로 주장했다.

미국 상선 제너럴셔먼호가 통상을 요구하다 대동강에서 불태워진 사건이다. 1866년 제너럴셔먼호는 통상을 거부당하자, 대동강을 거슬러 올라와 약탈을 하고, 사람을 죽이고 다치게 하는 등 여러 가지 문제를 일으켰다. 그러자 평양사람들이 배를 공격해 불태웠다.

바른 것을 지키고 사악한 것을 배척한다는 뜻을 지닌 운동이다. 바른 것은 성리학적 질서이고, 사악한 것은 서양의 문물과 사상을 말한다. 양반 유생들이 중심이 되어 펼쳤으며, 개항을 요구하는 외국 세력을 막아내고 기존 질서를 지키자는 운동이다.

정부가 개화정책 총괄을 위해 설치한 관청이다. 강화도조약 이후 다른 나라로부터 근대 문물을 받아들이고, 근대식 제도와 기구를 만들기 위해 설치한 관청이다. 정치와 군사 정보를 담당하며 개화정책 추진에 앞장섰다.

조선과 미국 사이에 맺은 조약이다. 청나라의 이홍장이 러시아의 남하를 막고, 일본을 견제할 목적으로 미국과의 조약 체결을 중재했다. 우리나라가 서양과 맺은 최초의 조약이며, 미국에게 최혜국대우를 보장하는 불평등조약이었다. 최혜국대우는 다른 나라와 조약을 체결할 때 좋은 내용이 있으면 미국에게도 이를 보장한다는 의미이다.

조선과 청나라 사이에 맺은 조약이다. 구식군인들이 차별에 항의해 일으킨 임오군란을 진압한 청나라는 조선과 무역을 하는 데 있어, 청나라 상인들에게만 유리한 조건을 포함시킨 불평등조약을 체결했다.

다른 나라와 물건을 사고팔지 않고, 교류를 하지 않겠다는 정책이다. 다른 나라와 교류도, 관계도 맺지 않고 문을 닫아걸었다는 의미로 쇄국정책이라고도 한다. 흥선대원군이 집권하던 시기에 서양 세력의 침략이 이어지자 이 정책이 강화되었다.

독일 상인 오페르트가 통상을 요구하며, 흥선대원군의 아버지 남연군묘를 도굴하려다 실패한 사건이다. 1866년 프랑스가 강화도를 침략한 병인양요에 이어 자기 아버지의 묘를 도굴하려는 사건까지 벌어지자, 흥선대원군은 서양세력에 대한 통상수교거부정책을 강화했다.

노비는 어머니의 신분을 따르게 한 법이다. 영조 임금이 시행한 정책으로 어머니가 노비인 경우에만 그 자녀를 노비로 삼도록 한 제도로, 노비의 수를 줄이고 상민의 수를 늘리기 위한 정책이었다. 이 제도가 시행되기 전에는 아버지나 어머니 한 쪽이 노비이면 그 자녀는 노비가 되었다.

조선후기 화가 정선이 그린 그림이다. 비가 오고 난 뒤의 인왕산을 그린 그림으로 중국 중심의 화풍에서 벗어나 우리나라 고유의 화풍을 개척한 진경산수화를 대표하는 그림이다.

동학농민운동, 화성성역의궤, 제너럴셔먼호사건, 임술농민봉기, 급진개화파, 운요호사건,
강화도조약, 위정척사운동, 대동여지도, 인내천사상, 곤여만국전도, 통리기무아문

1 서양문물의 수용뿐만 아니라 정치제도까지 바꾸자고 주장한 개화파세력이다. 김옥균, 박영효, 홍영식, 서재필 등이 주요 인물인 (   )는 우리나라를 근대국가로 만들기 위한 갑신정변을 일으켰으나 실패했다.

2 '사람이 곧 하늘이다'는 뜻을 가진 동학의 기본 사상은 (   )이다. 모든 사람은 소중하다는 뜻으로 평등사상의 의미를 지녔다. 동학은 1860년 최제우가 창시한 종교로 서학인 천주교에 대항한다는 뜻을 가졌다.

3 숙종 임금 때 제작한 세계지도인 (   )는 조선 전기 태종 임금 때 그린 세계지도인 혼일강리역대국도지도보다 더 자세하고 세계의 모양을 이해하는 데 도움이 되었다. 중국에서 활동하던 이탈리아 선교사 마테오리치가 그린 지도를 참고해서 우리나라에서 다시 그린 것이다.

4 1894년 동학교도가 주축이 된 농민들이 탐관오리의 횡포에 맞서 일으킨 농민봉기가 (   )이다. 고부군수 조병갑의 횡포에 맞서 고부지역 농민들이 봉기한 것이 시작이었으며, 전라도를 비롯한 전국 각지에서 농민들이 들고 일어나 잘못된 정치와 세상을 바로잡으려고 했다.

5 강화도조약 체결의 배경이 된 (   )은 1875년 일본 군함 운요호가 우리나라 수군의 제지에도 불구하고, 강화도 앞 바다에 불법 침입하여 해안을 마음대로 측량하면서 일어난 사건이다. 우리나라 수군이 방어를 목적으로 공격하자 대포를 쐈고, 이 사건의 책임을 묻는다는 이유를 들어 강화도조약 체결을 강요했다.

6 실학자 김정호가 그린 (   )는 기존 지도를 종합해 제작했으며 인쇄를 통해 보다 많은 사람이 이용할 수 있도록 목판본으로 제작했다. 10리마다 점을 찍어 거리를 표시했고, 전국을 22구역으로 구분하여 필요한 지역만 가지고 다닐 수 있도록 했다.

7 1876년 우리나라가 일본과 맺은 최초의 근대적 불평등조약이 (   )이다. 부산, 원산, 인천 세 개의 항구를 개항했고, 일본 상품에 대한 무관세, 치외법권 허용 등 일본에게만 유리한 불평등 조약이었다.

8 정조 임금 때 건설한 신도시, 수원화성의 건설과정을 기록하고 관련 자료를 모아 편찬한 책이 (   )이다. 수원화성을 완공하고 난 뒤에 제작했으며 첫 인쇄는 1801년에 했다.

9 1862년 임술년에 진주농민봉기를 시작으로 전국 각지에서 농민들이 들고 일어난 (   )는 삼정의 문란을 바로 잡기를 요구했다. 농민들의 봉기에 놀란 정부는 삼정이정청을 설치해 바로 잡으려 했지만 큰 성과를 거두지는 못했다.

10 정부가 개화정책 총괄을 위해 설치한 (   )은 강화도조약이후 다른 나라로부터 근대 문물을 받아들이고, 근대식 제도와 기구를 만들기 위해 설치한 관청이다. 정치와 군사 정보를 담당하며 개화정책 추진에 앞장섰다.

11 바른 것을 지키고 사악한 것을 배척한다는 뜻을 지닌 운동이(   )이다. 바른 것은 성리학적 질서이고, 사악한 것은 서양의 문물과 사상을 말한다. 양반 유생들이 중심이 되어 펼쳤으며, 개항을 요구하는 외국 세력을 막아내고 기존 질서를 지키자는 운동이다.

12 미국 상선 제너럴셔먼호가 통상을 요구하다 대동강에서 불태워진 사건이 (   )이다. 1866년 제너럴셔먼호는 통상을 거부당하자, 대동강을 거슬러 올라와 약탈을 하고, 사람을 죽이고 다치게 하는 등 여러 가지 문제를 일으켰다. 그러자 평양사람들이 배를 공격해 불태웠다.

● 다음 밑줄 친 용어를 상황에 맞게 고쳐 쓰세요.

1 '사람이 곧 하늘이다'는 뜻을 가진 동학의 기본 사상은 <u>후천개벽사상</u>이다. 동학은 1860년 최제우가 창시한 종교로 서학인 천주교에 대항한다는 뜻을 가졌다.

_____

2 우리나라가 일본과 맺은 최초의 근대적 불평등조약이 <u>조청상민수륙무역장정</u>이다. 부산, 원산, 인천 세 개의 항구를 개항했고, 일본 상품에 대한 무관세, 치외법권 허용 등 일본에게만 유리한 불평등 조약이었다.

_____

3 실학자 김정호가 그린 우리나라 지도 <u>곤여만국전도</u>는 기존 지도를 종합해 제작했으며 인쇄를 통해 보다 많은 사람이 이용할 수 있도록 목판본으로 제작했다.

_____

● 〈보기〉에 나오는 용어를 3개 이상 넣어 문장을 만들어 보세요.

> **보기** 동학농민운동, 임술농민봉기, 운요호사건, 강화도조약, 인내천사상

_____

> **보기** 급진개화파, 온건개화파, 제너럴셔먼호사건, 오페르트도굴사건, 거문도사건

_____

● 다음 빈칸에 적당한 용어를 넣어 일기를 완성해 보세요.

인천을 통해 서양 물건이 들어오고 인천에는 일본인만 거주하는 지역도 생긴다는데. 세상이 이상하게 돌아가는 것 같다. 작년에 있었던 운요호 사건을 계기로 일본과 (   )을 체결했기 때문이라는데. 우리나라한테는 유리한 내용이 하나도 없는데 왜 했는지 모르겠다. 아빠 말로는 나라가 힘이 없어서 그랬다는데. 백성들한테는 엄청나게 힘 센 척하면서 다른 나라한테는 왜 그렇게 하지 못하는지 알 수가 없다.

조선후기 인물

❖인물 pick

김옥균, 명성황후, 김정호, 박제가, 신윤복, 이승훈, 전봉준, 정약용, 정조, 최익현, 영조, 유득공, 최제우, 홍경래, 민영환, 박지원, 홍대용, 김홍도, 서재필, 신돌석, 효종, 흥선대원군, 고종, 김만덕, 안용복, 김홍집

인물 사전

26대 임금 고종의 왕비로 을미사변으로 목숨을 잃은 인물이다. 일본이 청나라와 벌인 청일전쟁에서 승리하고 우리나라에 대한 지배력을 강화하자, 러시아를 끌어들여 일본을 견제하려고 했다. 그러자 일본은 경복궁으로 자객을 보내 시해했고 이 사건을 을미사변이라고 한다.

을사의병 때 활약한 평민의병장이다. 태백산호랑이로 불렸으며 강원도와 경상도 일대에서 큰 활약을 했다. 일제는 그의 몸에 큰 상금을 걸었고, 상금에 눈이 먼 친척의 배신으로 목숨을 잃었다.

1884년 갑신정변을 앞장서서 일으킨 인물이다. 박영효, 홍영식, 서광범 등과 함께 우정총국 개국 축하연 때 정변을 일으켜 정권을 잡았으나 청나라의 개입으로 3일 만에 끝났다. 일본에 의존하고, 백성의 지지를 얻지 못했다는 한계를 가진 것으로 평가받고 있다. 망명생활을 이어가다 중국에서 홍종우에게 암살당했다.

정조 임금 때 활약한 인물로 제주도 출신 여성 상인이다. 장사를 통해 많은 돈을 벌었는데, 흉년이 들어 제주도 사람들이 굶주리자 그동안 번 돈으로 곡식을 사서 사람들에게 나누어주었다. 정조 임금이 상을 내려 제주도를 벗어나 금강산을 구경했다. 당시 영의정 채제공이 '만덕전'이라는 이름으로 그녀의 삶을 기록하기도 했다.

조선후기 실학자로 많은 책을 쓴 인물이다. 대표작으로 〈열하일기〉〈양반전〉〈허생전〉 등이 있다. 그는 청나라에 다녀온 뒤 조선이 발전하기 위해서는 수레를 이용하고 상공업을 발전시켜야 한다고 주장했다. 홍대용, 박제가 등과 상업발달로 조선을 부강하게 만들자는 중상학파를 주도했다.

1860년 동학을 만든 인물이다. 동학은 '사람이 곧 하늘이다'는 인내천 사상을 바탕으로 했으며 서학에 대항한다는 의미를 가졌다. 농민들이 주로 가입했고 2대 교주 최시형에 와서 세력이 커졌으며 3대 교주 손병희가 천도교로 이름을 바꾸었다. 1894년 동학농민운동의 주도 세력이 되었다.

1811년 평안도에서 민중봉기를 일으킨 인물이다. 지역차별, 세도정치로 인한 사회혼란 등을 해결하기 위해 10년에 걸친 준비 끝에 봉기했다. 평안도 일대를 차지하는 등 세력을 키웠으나 1년여 만에 정부군에 진압 당했다. 하지만 19세기 내내 벌어진 민중봉기의 출발점이 되었다.

조선후기 대표 실학자로 실학을 집대성한 인물이다. 그가 쓴 500여 권의 책 가운데 〈목민심서〉〈경세유표〉〈흠흠신서〉 등이 유명하다. 수원화성을 지을 때 거중기를 만들고, 정조임금의 화성 행차 때 말을 타고 한강을 건널 수 있도록 배다리를 만드는 등 많은 공을 세웠다. 하지만 순조 임금 때 서학을 믿었다는 이유로 오랜 시간동안 전라남도 강진에서 유배생활을 했다.

고종 임금의 아버지로 아들이 왕위에 오르자 권력을 쥐고 조선을 변화시키기 위해 노력한 인물이다. 세도정치를 펼치던 안동김씨 세력을 몰아내고 비변사 폐지, 세금제도 개혁, 서원을 47개만 남기고 폐쇄하는 등 개혁정치로 백성들의 지지를 얻었다. 하지만 경복궁을 다시 짓는 비용 마련을 위해 발행한 당백전으로 물가가 오르자 백성들 불만이 생겼다.

조선후기 실학자로 천문학연구에 공이 큰 인물이다. 지구가 움직인다는 지전설을 주장했으며 본인 이름을 딴 혼천의를 만들기도 했다. 집에 천문대를 설치하기도 했으며, 〈의산문답〉이 대표저서이다.

일본에 건너가 울릉도와 독도가 우리나라 땅이라는 것을 확인받고 온 인물이다. 관리가 아닌 어부였지만 울릉도까지 와서 물고기를 잡는 일본 어부들을 쫓아냈다. 그리고 일본 정부에 찾아가 항의하고 이곳이 우리나라 땅임을 확인받고 돌아왔다.

조선 22대 임금이다. 영조 임금을 이은 탕평책 실시로 노론세력을 약화시키고 왕권을 강화했다. 시전상인이 가진 특권인 금난전권 폐지, 수원화성 건설로 상업을 발전시켰다. 또 규장각을 설치해 개혁정책을 마련했으며, 새로운 부대 장용영을 만들어 왕권을 강화했다. 영조와 함께 조선후기 발전을 이끈 왕이다.

강화도조약을 반대하며 위정척사운동을 벌인 인물이다. 일본도 다른 서양제국주의 국가들과 다르지 않다며 나라의 문을 여는 개화를 반대했다. 을사늑약 체결에 저항해 의병을 일으켰다. 하지만 전투에서 지고 대마도로 유배되었고 그곳에서 단식으로 저항하다 순국했다.

신윤복과 함께 조선후기를 대표하는 풍속화가이다. 풍속화는 백성들의 생활모습을 표현한 그림이다. 그림 그리는 일을 맡아하는 도화서 소속 화원으로 임금의 어진을 그리는 어진화사까지 올랐다. '씨름' '서당' '대장간' 등의 그림이 유명하다.

대동여지도를 그린 지리학자이다. 기존에 있던 지도를 참고하고 현장답사 등을 통해 그린 대동여지도는 오늘날 지도와 비교해도 차이가 나지 않을 정도로 정확하다고 한다. 또 대동여지도를 목판으로 제작해 필요로 하는 사람이 쉽게 구할 수 있도록 지도 보급에 앞장섰다.

1905년 체결한 을사늑약에 반대하여 자결한 인물이다. 목숨을 끊을 당시 고종황제의 안전을 책임지는 시종무관장의 자리에 있었다. 2천만 동포에게 전하는 유서를 남기고, 자신의 죽음을 계기로 많은 이들이 독립운동에 나서기를 바랐다.

조선후기 소비론을 주장한 중상학파 실학자이다. 상업을 발전시키고 경제를 성장시키기 위해서는 절약보다는 소비를 해야 한다는 소비론을 주장했다. 청나라의 제도와 풍속을 소개하고 사회 경제 개혁을 주장한 〈북학의〉를 썼다.

독립협회를 만든 개화파 인물이다. 갑신정변 실패로 미국에 망명중이던 그는 고종 임금의 권유로 귀국해 〈독립신문〉을 창간했다. 독립협회를 만든 그는 국민 기금을 모아 독립문을 세웠고, 만민공동회, 관민공동회를 개최해 백성들의 의견을 고종 임금에게 전달했으나 반대세력의 방해로 성공하지 못했다.

1894년 일어난 동학농민운동을 이끈 인물이다. 고부군수 조병갑의 횡포에 맞서 고부관아를 습격했고 정부가 책임을 농민들에게 떠넘기자 동학농민군을 모아 전주성을 점령했다. 하지만 정부가 청나라에게 도움을 요청하자 전주화약을 맺고 해산했다. 외세 침략에 맞서 2차 봉기를 일으켰으나 공주 우금치 전투에서 패배했다. 옛 부하의 밀고로 일본에 사로잡혀 처형당했다.

조선후기 역사연구를 했던 국학파 실학자이다. 국학파는 중국 영향에서 벗어나 우리역사, 언어, 그림, 지형 등을 연구했던 사람들을 이르는 말이다. 발해사를 연구하며 발해가 있었던 지역을 직접 답사했고 〈발해고〉라는 역사책을 썼다. 통일신라 중심에서 벗어날 수 있도록 남북국시대라는 용어를 처음 사용했다.

인조의 둘째 아들로 형 소현세자와 함께 청나라에 볼모로 끌려갔던 인물이다. 소현세자는 청나라의 문물을 받아들여야 한다고 주장한 반면 그는 청나라에 복수해야 한다고 주장했다. 소현세자가 갑작스런 죽음을 맞이하자 세자에 책봉되었고 왕위를 이어받았다. 힘을 키워 청나라를 정벌해야 한다는 북벌론을 내세웠다.

우리나라 천주교 신자 가운데 최초로 세례를 받은 인물이다. 세례명은 베드로이며, 마테오리치의 천주실의를 번역해 보급했다. 1801년 순조가 즉위한 뒤 진행한 신유박해 때 순교했다.

조선 21대 임금이다. 탕평책을 실시해 고르게 인재를 등용하고 이조전랑의 권한을 축소시켜 붕당정치의 폐단을 줄였다. 군포를 두 필에서 한 필로 줄인 균역법을 실시하여 백성들의 부담도 줄여주었다. 사도세자의 아버지로 정조 임금과 함께 조선후기 발전을 이끈 왕이다.

조선 26대 임금이자 대한제국 황제이다. 1897년 나라 이름을 대한제국으로 바꾸고 황제에 취임했다. 연호는 광무로 정했다. 우리나라를 근대화시키기 위해 노력했으나 큰 성과를 거두지는 못했다. 1907년 을사늑약의 부당함을 알리기 위해 진행한 헤이그특사사건으로 강제 퇴위당했다.

김홍도와 함께 조선후기를 대표하는 풍속화가이다. 김홍도가 서민들의 생활상을 주로 그렸다면 이 사람은 여인들의 생활상을 주로 그렸다. 도화서 화원으로 활동했으며 '미인도' '단오풍정' '월하정인' 등이 유명하다.

개화정책을 주도한 온건개화파의 중심인물이다. 1894년 갑오개혁 때 총리대신으로 과거제 폐지, 관직 개편 등 갑오개혁을 주도했다. 급진개화파가 주도한 갑신정변에 참여하지 않았고, 동학농민운동 이후 신설된 군국기무처의 장을 맡아 여러 가지 개혁을 추진했다.

❖인물 비교

	초등	중등
공통 수록	김홍도, 박지원, 박제가, 신윤복, 영조, 유득공, 정약용, 정조, 최제우, 홍경래, 홍대용, 김옥균, 민영환, 신돌석, 전봉준, 최익현, 흥선대원군, 고종, 명성황후, 효종, 김정호, 서재필, 김홍집	
개별 수록	김만덕, 안용복, 이승훈	정선, 양헌수, 어재연, 유길준, 조병갑, 유형원, 김정희, 안정복, 이익

인물 사전

독창적인 서예 글씨체인 추사체를 만든 인물이다. 글씨뿐만 아니라 그림도 잘 그려 세한도가 전해지고 있다. 또 문자가 새겨져 있는 종이나 비석, 금속 같은 문화유물을 연구하는 학문인 금석학에도 능력을 보였다. 그가 금석문연구를 통해 서울북한산진흥왕순수비의 세워진 연도, 세운 사람을 알아냈다.

조선후기 역사연구를 한 국학파 실학자이다. 유득공이 발해사 연구를 통해 통일 신라중심에서 벗어날 수 있게 했다면 그는 우리나라 역사의 독자성을 체계화해 중국 중심의 역사관에서 벗어날 수 있도록 했다. 지은 책으로 〈동사강목〉이 대표적이다.

조선후기 중농학파 실학자이다. 중농학파는 농업이 발전해야 농민이 잘 살고 나라가 부강해질 수 있다고 주장한 실학자들이다. 정약용, 유형원도 중농학파 실학자이다. 중국 중심의 역사관을 비판했으며, 지은 책으로 〈성호사설〉이 대표적이다.

조선후기 진경산수화를 개척한 화가이다. 중국에서 명나라가 무너지고 청나라가 세워지자 중국 중심 화풍에서 벗어나 우리나라의 아름다움을 표현하고자 하는 진경산수화가 유행하게 되었다. '금강전도' '인왕제색도'가 대표작이다.

1866년 병인양요 때 프랑스군에 맞서 싸운 인물이다. 프랑스군이 강화도로 쳐들어오자 부대를 이끌고 정족산성에 매복해 프랑스군을 상대로 승리를 했다. 프랑스군은 외규장각을 비롯한 관청에서 의궤와 보물 등을 챙긴 뒤 불을 지르고 물러갔다.

1871년 신미양요 때 미군에 맞서 싸운 인물이다. 미군이 1866년 일어난 제너럴셔먼호 사건을 핑계로 강화도에 쳐들어오자 광성보에서 맞서 싸웠다. 병사 600여 명을 이끌고 맞섰으나 끝내 전사했다. 한 달 정도 강화도에 머무른 미군은 수군대장기인 '수자기'를 가지고 물러갔다.

나라의 문을 열어 외국과 교류해야한다고 주장한 개화파 인물이다. 신사유람단 활동을 통해 일본의 문물과 제도를 배우고, 보빙사로 미국에 파견되어 배웠다. 또 미국에서 바로 돌아오지 않고 유럽을 둘러본 다음 〈서유견문〉을 썼다.

전라도 고부군수로 고부농민봉기 및 동학농민운동의 직접적인 원인을 제공한 인물이다. 군수로 부임하고 난 뒤 온갖 명목으로 세금을 거두어들이고, 이에 항의하는 사람들은 매질을 하고 옥에 가두는 등 온갖 나쁜 짓을 저질렀다. 전봉준을 중심으로 고부농민들이 봉기를 일으켰고, 뒤이어 동학농민운동으로 확대되었다.

조선후기 중농학파 실학자이다. 전라도 지방으로 낙향하여 20년을 머물며 직접 농사를 지었다. 그 때 경험을 바탕으로 쓴 〈반계수록〉은 당시 사회가 안고 있던 문제를 잘 지적하였으며, 나라가 나아가야 할 방향을 제시한 책이다.

홍경래, 고종, 정약용, 정조, 최제우, 홍대용, 김옥균, 민영환,
박지원, 서재필, 신돌석, 영조, 전봉준, 흥선대원군, 김정호, 명성황후

1 조선 26대 임금 고종의 왕비인 (   )는 을미사변으로 목숨을 잃었다. 일본이 청나라와 벌인 청
일전쟁에서 승리하고 우리나라에 대한 지배력을 강화하자, 러시아를 끌어들여 일본을 견제하려고 했
다. 그러자 일본은 경복궁으로 자객을 보내 시해했다.

2 1811년 평안도에서 민중봉기를 일으킨 (   )는 평안도 일대를 차지하는 등 세력을 키웠으나 1년
여 만에 정부군에 진압 당했다. 하지만 19세기 내내 벌어진 민중봉기의 출발점이 되었다.

3 실학을 집대성한 (   )이 쓴 5000여 권의 책 가운데 〈목민심서〉 〈경세유표〉 〈흠흠신서〉 등이
유명하다. 수원화성을 지을 때 거중기를 만들고, 정조임금의 화성 행차 때 한강을 건너는 배다리를 만
드는 등 과학기술 발전에도 공헌을 했다.

4 을사의병 때 활약한 평민의병장인 (   )은 태백산호랑이로 불렸으며 강원도와 경상도 일대에
서 큰 활약을 했다. 일제는 그의 몸에 큰 상금을 걸었고, 상금에 눈이 먼 친척의 배신으로 목숨을 잃었
다.

5 1884년 박영효, 홍영식, 서광범 등과 함께 우정총국 개국 축하연 때 갑신정변을 일으켜 정권을 잡았으
나 청나라의 개입으로 3일 만에 끝났다. 망명생활을 이어가던 (   )은 중국에서 홍종우에게 암
살당했다.

6 〈열하일기〉 〈양반전〉 〈허생전〉 등을 쓴 (   )은 청나라에 다녀온 뒤 조선이 발전하기 위해서
는 수레를 이용하고 상업을 발전시켜야 한다고 했다. 홍대용, 박제가 등과 상업발달로 조선을 부강하게
만들자는 중상학파를 주도했다.

7 '사람이 곧 하늘이다'는 인내천 사상을 바탕으로 (   )가 창시한 동학은 천주교인 서학에 대항
한다는 의미도 지녔다. 농민들이 주로 가입했고, 1894년 동학농민운동의 주도 세력이 되었다.

8 (　　　　　)는 기존 지도들을 종합해서 22장의 목판으로 대동여지도를 제작했다. 그가 제작한 대동여지도는 오늘날 지도와 비교해도 손색이 없을 정도로 정확하다고 한다. 목판으로 제작했기에 대량 인쇄가 가능해 지도를 널리 보급할 수 있었다.

9 아들이 12살의 어린 나이로 왕위에 올라 고종 임금이 되자 권력을 잡은 (　　　　)은 세도정치를 펼치던 안동김씨 세력을 몰아내고 인재를 등용했다. 또 세금제도 개혁, 비변사 폐지, 서원을 47개만 남기고 폐쇄하는 등의 정책을 시행, 백성들의 지지를 얻었다.

10 조선후기 실학자로 지구가 움직인다는 지전설을 주장한 (　　　　)은 〈의산문답〉이 대표저서로 조선후기 천문학 및 과학기술 발전에 큰 공헌을 했다. 자기 집에 '농수각'이라는 천문대도 설치했다.

11 영조 임금을 이어 왕위에 오른 (　　　　)는 금난전권을 폐지하고 수원화성을 건설해 상업을 발전시켰다. 또 규장각을 설치해 개혁정책을 마련했으며, 새로운 부대 장용영을 만들어 왕권을 강화시켰다.

12 1894년 일어난 동학농민운동을 이끈 (　　　　)은 고부군수 조병갑의 횡포에 맞서 고부봉기를 일으킨 뒤 농민들을 모아 전주성을 점령했다. 정부와 전주화약을 맺고 해산했다가 일본 침략에 맞서 2차 봉기를 일으켰다. 하지만 공주 우금치 전투에서 패배했다.

13 정조 임금과 함께 조선후기 발전을 이끈 (　　　　)는 탕평책을 실시하여 고르게 인재를 등용하고 이조전랑의 권한을 축소시켜 붕당정치의 폐단을 없앴다. 군포를 한필로 줄인 균역법을 실시하여 백성들의 부담을 줄여주었다.

14 1905년 체결한 을사늑약에 반대하여 자결한 (　　　　)은 당시 고종황제의 안전을 책임지는 시종무관장의 자리에 있었다. 2천만동포에게 전하는 유서를 남기고, 자신의 죽음을 계기로 많은 이들이 독립운동에 나서기를 바랐다.

15 1897년 나라 이름을 대한제국으로 바꾸고 연호는 광무로 정하여 황제에 취임한 (　　　　)은 우리나라를 근대화시키기 위해 노력했으나 큰 성과를 거두지는 못했다. 1907년 을사늑약의 부당함을 알리기 위해 진행한 헤이그특사사건으로 강제 퇴위당했다.

16 갑신정변 실패로 미국에 망명중이던 (　　　　)은 고종 임금의 권유로 귀국해 〈독립신문〉을 창간했다. 독립협회를 만든 그는 국민 기금을 모아 독립문을 세웠고, 만민공동회, 관민공동회를 열어 백성들의 의견을 고종 임금에게 전달했으나 반대세력의 방해로 성공하지 못했다.

● 다음 밑줄 친 인물을 상황에 맞게 고쳐 쓰세요.

1 발해사를 연구하며 발해가 있었던 지역을 직접 답사한 <u>정약용</u>은 〈발해고〉라는 역사책을 썼으며 통일 신라 중심에서 벗어날 수 있도록 남북국시대라는 용어를 처음 사용했다.

_____

2 장사를 통해 많은 돈을 번 <u>허난설헌</u>은 흉년이 들어 제주도 사람들이 굶주리자 그동안 번 돈으로 곡식을 사서 사람들에게 나누어주었다.

_____

3 1905년 을사늑약이 체결되자 <u>홍경래</u>는 의병을 일으켰으나 전투에서 지고 대마도로 유배되었다.

_____

● 〈보기〉에 나오는 인물을 3명 이상 넣어 문장을 만들어 보세요.

> **보기** 박지원, 박제가, 홍대용, 이익, 정약용, 유형원

_____

> **보기** 김옥균, 서재필, 최익현, 민영환

_____

● 다음 빈칸에 적당한 인물을 넣어 일기를 완성해 보세요.

군수 조병갑의 횡포가 하루하루 심해지고 있다. 매일 매일 온갖 명목으로 세금을 걷어가고, 응하지 않으면 매질을 하거나 옥에 가두었다. 지금까지 얼마나 많은 동네 어른이 매를 맞고, 옥에 갇혔다 풀려났는지 셀 수가 없다. 며칠 전엔 부모님도 끌려갈 뻔 했다. 부모님을 비롯해 동네 사람들의 원성이 가득하다. 이번 장날에 (   )이 사람들을 모아 고부관아를 습격한다는 소문이 돌고 있는데, 꼭 성공했으면 좋겠다.

일제강점기 I

❖용어 pick

신간회, 강제징용, 사회주의, 신사참배, 창씨개명
원불교, 을사늑약, 대성학교, 을사오적, 진단학회, 대종교

용어 사전

1927년 사회주의 단체와 비타협적 민족주의 단체가 연합하여 만든 국내 최대 규모의 항일운동단체이다. 정우회선언을 계기로 결성되었으며, 1929년 일어난 광주항일학생운동을 후원했다. 하지만 일제의 탄압과 내부분열로 1931년에 해체했다.

일제가 일을 시킬 목적으로 우리나라 국민을 강제로 끌고 간 것이다. 일제강점기 내내 이뤄졌으며, 1938년 국가총동원법 제정이후에는 국민징용령이라는 이름으로 어린 학생들까지 데려갔다. 일제가 동원한 숫자는 당시 우리나라 국민의 약 20퍼센트에 달했다고 한다.

생산수단을 공동소유하고 계획경제를 통해 사회를 운영하자는 이념이다. 자본주의가 발달하면서 생산수단의 개인 소유와 시장경제가 불평등을 가져온다고 보고, 이를 개선하기 위해 생겨난 개념이다.

일본 왕실의 조상을 모신 사당에 강제로 절을 하게 만든 정책이다. 우리나라 곳곳에 사당을 세우고 학교 안에도 사당을 세워 절을 하도록 강요했다. 우리나라 사람들이 일본 왕실을 섬기도록 만들어 식민 지배를 쉽게 하려는 정책이었다.

우리나라 국민의 성씨와 이름을 일본식 성과 이름으로 강제로 바꾸도록 한 일이다. 민족말살정책의 일환으로 1940년부터 45년까지 실시했던 정책이다. 이름을 바꾸지 않으면 학교입학, 상급학교 진학을 하지 못하도록 했고 취업에 불이익을 주는 등 여러 가지 압박을 통해 바꾸도록 강요했다.

나철, 오기호가 우리민족의 시조 단군왕검을 받들도록 만든 종교이다. 1909년 창시했으며, 일제강점기 때 만주에서 항일투쟁단체 중광단을 조직해 우리나라의 무장독립운동에도 큰 역할을 했다.

1916년 박중빈이 기존 불교를 바탕으로 만든 새로운 종교이다. 일제강점기 때 만들어졌으며 저축운동, 교육사업, 자선사업 등을 벌이며 우리 민족의 자립심을 일깨우기 위해 노력했다.

안창호가 평양에 설립한 학교이다. 중등교육을 담당하였으며 오산학교와 더불어 애국계몽운동의 중심지 역할을 했다. 1908년 개교 당시 입학생은 90여 명이었으나 1912년 1회 졸업생은 19명에 그쳤다. 일제의 지속적인 방해가 있었고, 결국 폐교당했다.

1934년 우리나라 역사연구자들이 만든 학회이다. 일제강점기가 되면서 우리나라 문화에 대한 연구를 일본인학자들이 주도하고 일본이 원하는 방향으로 서술되는 문제를 개선하기 위해 우리의 시각으로 독자적인 연구를 하기 위해 만들어진 단체이다.

1905년 우리나라의 외교권 박탈을 위해 강제로 체결한 조약이다. 두 나라를 대표하는 고종황제와 일본왕의 직인이 없어 조약체결의 정당성과 형식을 제대로 갖추지 못해 늑약이라고 부른다. 정상적인 조약이 아님에도 불구하고 우리나라는 다른 나라와 독자적으로 외교 관계를 맺지 못하는 나라가 되었다.

1905년 을사늑약 체결에 찬성한 다섯 명을 이르는 말이다. 학부대신 이완용, 외부대신 박제순, 군부대신 이근택, 내부대신 이지용, 농상공부대신 권중현이 조약 체결에 반대하는 다른 대신들과 고종의 의견을 무시하고 일본과 조약을 체결했다.

용어 사전

조선총독부가 제정한 회사설립과 관련한 법이다. 조선에서 회사를 세울 경우 조선총독부의 허가를 받아야 한다는 내용으로 조선인의 회사 설립을 막고, 일본회사가 생산한 제품을 판매할 수 있는 시장으로 만들기 위함이었다. 3.1만세운동을 계기로 무단통치에서 문화통치로 통치방식을 변경하면서 허가제에서 신고제로 바뀌었다.

일제에 맞서 싸우기 위해 여러 여성운동단체가 하나로 합친 단체이다. 1927년 비타협적 민족주의 세력과 사회주의 세력이 정우회선언을 계기로 힘을 합쳐 신간회를 만들었다. 그러자 여성단체들도 여성의 지위향상과 단결을 목표로 합쳐 만든 조직이다.

한글날의 옛 이름이다. 일제강점기 때 조선어연구회에서 제정한 날이다. 일제가 우리말과 글을 대신해 일본어를 보급하자, 우리글인 한글을 지키기 위해 1926년에 만들어졌으며 1928년부터 이름을 한글날로 바꾸었다.

1904년 송병준이 중심이 되어 만든 친일단체이다. 군대해산, 내각교체, 재정축소 등을 통해 우리나라 주권을 포기하고 일제의 지배를 받는 것을 강령으로 삼은 단체이다. 을사늑약체결, 고종 강제퇴위 등에 앞장 선 대표적인 매국단체이다.

1920년대 타협적 민족주의자들이 주장한 이론이다. 우리나라가 일제로부터 독립을 하기 전에 먼저 자치권을 얻어내자는 것이었다. 현재로서는 즉각적인 독립이 어려우니 일제의 지배를 인정하고 단계적으로 해나가자는 이론이었다.

대한민국 임시정부에서 통신연락을 담당한 기구이다. 1919년에 일어난 3.1만세운동을 계기로 중국 상하이에 만들어진 대한민국 임시정부는 이 기구를 활용하여 대외연락, 국내정보수집, 기밀문서 전달 등의 임무를 수행했다.

대종교 세력이 중국 만주에서 만든 독립운동 단체이다. 서일이 단장을 맡았으며, 3.1운동이후에는 북로군정서로 확대 개편되었다. 대종교는 우리민족의 시초라고 알려진 단군왕검을 숭배하는 종교로 나철, 오기호가 중심이 되어 만들었다. 일제강점기가 시작되자 만주로 근거지를 옮겨 독립운동을 전개했다.

1919년 김원봉이 중심이 되어 만든 무장독립운동단체이다. 신채호가 쓴 '조선혁명선언'을 행동강령으로 삼았다. 김익상의 조선총독부 폭탄 투척, 김상옥의 종로경찰서 폭탄 투척, 나석주의 동양척식주식회사 폭탄 투척 등이 대표적인 활동이었다.

대한민국 임시정부 외무부장 조소앙이 정리, 주장한 이론이다. 정치, 경제, 교육 영역에서 균등한 기회가 부여되도록 한다는 것이 바탕이며 대한민국 임시정부의 건국강령으로 채택되었다.

도축업에 종사하는 백정들이 벌인 신분해방운동이다. 1894년 갑오개혁으로 신분제가 폐지되어, 신분에 대한 차별이 법적으로 사라졌지만 천민신분인 백정들에 대한 차별은 지속되었다. 이러한 차별을 없애기 위해 1923년 경상남도 진주를 시작으로 전국에서 일어났으며 백정조직 조선형평사를 중심으로 활동했다.

1920년 일본군이 간도지역에 살고 있는 우리 민족을 무참히 살해한 사건이다. 3.1만세운동 이후 만주지역에서 독립군들의 활약이 커지고 봉오동전투, 청산리전투 등에서 독립군이 일본군에 맞서 승리를 했다. 그러자 일본군은 독립군에 대한 후방 지원을 없애려는 목적으로 만주지역에 거주하고 있는 우리 민족 수만 명을 학살했다.

1931년 일제가 만주를 차지하기 위해 일으킨 전쟁이다. 일제는 남만주 철도를 스스로 파괴하는 자작극을 벌인 뒤 이를 중국 소행이라며 전쟁을 일으켰다. 이 전쟁에서 승리한 뒤 만주국을 세우고 중국 침략의 발판으로 삼았다.

일본과 조선은 한몸이라는 뜻으로 일제가 내세운 표어이다. 1937년부터 사용된 이 말은 일제가 일으킨 대외전쟁에 우리나라를 더 쉽게 이용하기 위한 민족말살정책의 하나였다. 일본과 조선은 한몸이기에 일제가 벌이는 전쟁에 조선도 당연히 따라야 한다는 뜻이다.

일제가 1910년대에 내세운 통치방식이다. 헌병을 경찰로 임명해 공포 분위기 속에서 나라를 통치했기에 헌병경찰통치라고도 하며, 무력을 앞세운 강압적인 통치방식이었다. 3.1만세운동을 계기로 문화통치로 전환했다.

대한민국 임시정부에서 독립자금을 모으기 위해 발행한 채권이다. 채권은 빌린 돈을 갚겠다는 약속 증서이다. 임시정부는 독립운동을 지속하고, 운영자금을 마련하기 위해 발행한 채권에 대해 이자를 지급하고, 원금은 독립 이후에 상환하는 방식으로 발행했다.

일제가 1920년대에 내세운 통치방식이다. 1910년대에 시행한 무단통치에 우리나라 국민이 1919년 3.1만세운동으로 저항하자, 바꾼 통치방식이다. 하지만 밖으로 내세운 말과 달리 친일파를 양성해 우리 민족을 이간질하는 민족분열정책이었다.

대종교, 신간회, 강제징용, 사회주의, 신사참배, 창씨개명, 을사늑약

1 우리나라 국민의 성씨와 이름을 일본식 성과 이름으로 강제로 바꾸도록 한 (   )은 민족말살 정책의 하나로 1940년부터 45년까지 실시했던 정책이다. 이름을 바꾸지 않으면 학교입학, 상급학교 진학을 하지 못하도록 했고 취업에 불이익을 주는 등 여러 가지 압박을 통해 바꾸도록 강요했다.

2 1927년 사회주의 단체와 비타협적 민족주의 단체가 연합하여 만든 최대 규모의 항일운동단체인 (   )는 정우회선언을 계기로 결성되었다. 1929년 일어난 광주항일학생운동을 후원하는 등 많은 활동을 펼쳤지만 일제의 탄압과 내부분열로 1931년에 해체했다.

3 일제가 일을 시킬 목적으로 우리나라 국민을 강제로 끌고 간 (   )은 일제강점기 내내 이뤄졌다. 1938년 국가총동원법 제정이후에는 국민징용령이라는 이름으로 어린 학생들까지 데려갔다. 일제가 동원한 숫자는 당시 우리나라 국민의 약 20퍼센트에 달했다고 한다.

4 생산수단을 공동소유하고 계획경제를 통해 사회를 운영하자는 이념이 (   )이다. 자본주의가 발달하면서 생산수단의 개인 소유와 시장경제가 불평등을 가져온다고 보고, 이를 개선하기 위해 생겨난 개념이다.

5 일본 왕실의 조상을 모신 사당에 강제로 절을 하게 만든 (   )는 우리나라 곳곳에 사당을 세우고 학교 안에도 사당을 세워 절을 하도록 강요했다. 우리나라 사람들이 일본 왕실을 섬기도록 만들어 식민 지배를 쉽게 하려는 정책이었다.

6 1905년 우리나라의 외교권 박탈을 위해 강제로 체결한 조약이 (   )이다. 두 나라를 대표하는 고종황제와 일본왕의 직인이 없어 조약체결의 정당성과 형식을 제대로 갖추지 못해 늑약이라고 부른다. 정상적인 조약이 아님에도 불구하고 우리나라는 다른 나라와 독자적으로 외교 관계를 맺지 못하는 나라가 되었다.

7 나철, 오기호가 우리민족의 시조 단군왕검을 받들도록 만든 종교가 (   )이다. 1909년 창시했으며, 일제강점기 때 만주에서 항일투쟁 조직 중광단을 만들어 우리나라의 무장독립운동에도 역할을 했다.

● 다음 밑줄 친 인물을 상황에 맞게 고쳐 쓰세요.

1   1919년 김원봉이 중심이 되어 만든 무장독립운동단체인 <u>신간회</u>는 김익상의 조선총독부 폭탄 투척, 김상 옥의 종로경찰서 폭탄 투척, 나석주의 동양척식주식회사 폭탄 투척 등이 대표적인 활동이었다.

   _____

2   일제는 1910년대에 <u>문화통치</u>방식으로 우리나라를 다스렸다. 헌병을 경찰로 임명해 공포분위기 속에서 나라를 다스린 강압적인 통치방식이었다.

   _____

3   일제는 1920년대에 <u>무단통치</u>방식으로 우리나라를 다스렸다. 우리나라 국민이 1919년 3.1만세운동으로 저 항하자 바꾼 통치방식이다. 하지만 친일파를 양성해 우리 민족을 이간질 하는 민족분열정책이었다.

   _____

● 〈보기〉에 나오는 용어를 3개 이상 넣어 문장을 만들어 보세요.

   보기 교통국, 신간회, 의열단, 중광단

   _____

   보기 내선일체, 신사참배, 창씨개명, 문화통치, 무단통치

   _____

● 다음 빈칸에 알맞은 용어를 넣어 일기를 완성해 보세요.

이름을 일본식으로 바꾸라고 난리다. 내 이름을 일본식으로 바꿔야 한다니 상상이 안 된다. 한편으로 걱정이기도 하다. 이름을 바꾸지 않으면 학교도 가지 못한다고 하니, 어떻게 하는 게 좋을까. 아버지 도 걱정 반, 고민 반이신 것 같다. 우리 가족이 독립운동에 나서지는 않았지만, 그래도 (   ) 은 못 할 것 같다. 에이, 나쁜 놈들. 학교에서 우리말, 우리글도 쓰지 못하게 하더니, 이름마저도 못 쓰 게 하네.

12 일제강점기 2

용어 사전

1920년 만주 봉오동에서 독립군이 일본군을 상대로 이긴 전투이다. 홍범도, 최진동 등이 연합하여 독립군 부대를 이끌었으며, 일본군을 봉오동 골짜기로 유인하여 승리를 거두었다. 일본군 사상자는 400명이 넘었으나 독립군은 6명만 피해를 입은 큰 승리였다.

1919년 3.1만세운동 때 발표한 선언서이다. 우리 민족의 독립 열망을 담아 최남선이 작성했으며, 민족대표 33인이 서울 태화관에서 독립선언식을 열고 낭독했다. 탑골공원에서는 학생 정재용님이 낭독했다.

일제가 우리나라 식민통치를 위해 설치한 대표 기관이다. 군인 출신의 총독 아래 민족탄압, 민족문화 말살, 경제 수탈 등을 진두지휘했다. 경복궁에 설치했으며, 지난 1995년 '역사 바로 세우기'의 하나로 철거했다. 중앙 첨탑은 현재 독립기념관에 전시하고 있다.

일제가 만든 조선인에게 태형을 가할 수 있도록 한 법이다. 태형은 죄를 지은 사람을 형틀에 묶고 엉덩이를 드러내게 해서 회초리로 때리는 형벌이다. 조선인에게만 이 법률을 적용했으며, 1910년대 무단통치시기에 시행되었다.

1920년 만주 청산리에서 독립군이 일본군을 상대로 이긴 전투이다. 봉오동전투에서 패한 일본군이 독립군을 토벌하기 위해 출병하자, 독립군은 연합부대를 결성하고 청산리를 비롯한 여러 지역에서 싸워 이긴 전투이다. 김좌진, 홍범도 등이 이끌었다.

대한민국 임시정부가 독립군들을 모아 만든 정식 군대이다. 1940년 충칭에서 창설했으며, 지청천이 총사령관이 되었다. 연합군과 함께 포로 심문, 암호 해독 등의 활동에 참여했고, 군사들을 훈련해 국내에 침투시키는 국내진공작전을 준비했다.

대한민국 임시정부가 조직한 비밀무장투쟁단체이다. 1932년 일본 도쿄에서 일본천황을 향해 수류탄을 던진 이봉창 의거와 중국 상해에서 일본군 행사장에 폭탄을 던진 윤봉길 의거가 대표적이다. 다른 단원들의 활동은 일제의 탄압과 감시가 심해져 대부분 실행에 옮기지 못하거나 중단되었다.

일제강점기 때 우리글을 지키기 위해 노력한 단체이다. 일제는 우리 민족문화를 말살하기 위해 우리글과 우리말을 사용하지 못하도록 했다. 이에 맞서 우리글을 지키고 보급하기 위해 노력했으며, '한글 맞춤법 통일안'을 마련했다. 한글학자 주시경의 제자들이 중심이 되었다. 나중에 한글학회로 이름을 바꾸었다.

1910년대 통치방식인 무단통치를 뒷받침하기 위해 시행한 제도이다. 일제가 군인인 헌병에게 경찰업무를 맡겨 우리 민족을 탄압하고 힘으로 억누른 강압통치를 뒷받침하도록 시행한 제도이다.

❖ 용어 비교

	초등	중등
공통 수록	봉오동전투, 청산리전투, 독립선언서, 한인애국단, 조선총독부, 헌병경찰제, 조선태형령, 조선어학회, 한국광복군	
개별 수록		조선상고사, 신흥강습소, 일선동조론, 자유시참변, 조선의용대, 치안유지법, 북로군정서, 대한독립군, 신한청년단, 원산총파업

용어 사전

러시아 자유시로 이동한 독립군들이 피해를 입은 사건이다. 봉오동전투, 청산리전투에서 패한 일본이 만주지역에 거주하는 우리 민족을 탄압하고, 독립군에 대한 감시를 늘이자 활동이 어려워진 독립군들이 러시아 자유시로 이동했다. 하지만 무장해제를 놓고 러시아군과 갈등이 벌어져 독립군이 학살당한 사건이다.

1919년 만주에서 만들어진 독립군 부대이다. 대종교에서 만든 독립운동 단체인 중광단에서 출발했으며, 3.1만세운동 이후 인원이 늘어나고 단체가 합쳐지면서 규모가 커졌다. 서일, 김좌진 등이 이끌었으며 1920년 청산리전투에서 승리하는 데 큰 역할을 했다.

만주에서 홍범도가 이끈 독립군 부대이다. 국경을 넘나들며 일본군 부대, 일본 관공서를 공격해 많은 전과를 올렸다. 특히 여러 독립군 부대가 연합하여 일본군과 맞서 싸워 이긴 봉오동 전투, 청산리 전투에서 큰 역할을 했다.

중국 상하이에서 조직한 독립운동단체이다. 1918년에 만들어졌다. 1차 세계대전이 끝나고 전후처리를 위해 열린 파리강화회의에 김규식을 대표로 파견하여 우리나라의 독립에 대한 지지를 얻어내기 위해 노력한 단체이다.

일본과 우리나라 조선의 조상이 같다는 주장이다. 일본과 우리나라의 조상이 같다는 주장을 통해 일본이 우리나라를 침략하고 지배하는 것을 정당화시켰을 뿐 아니라 일본인과 조선인은 하나라는 내선일체를 뒷받침하기도 했다.

1938년 중국에서 김원봉이 만든 독립군 부대이다. 부대원은 2~3백 명에 불과했지만 일본과의 여러 전투에서 큰 공을 세웠다. 대한민국 임시정부에서 한국광복군을 창설하자 일부는 광복군으로 편입했고, 일부는 화북조선독립동맹이 이끄는 조선의용군으로 편입했다.

1929년 원산노동자들이 일제의 차별에 맞서 일으킨 총파업이다. 원산 지역 노동자들은 일본인 간부들에 의한 차별과 모욕을 없애고, 노동조건을 개선해줄 것을 요구했다. 1929년 1월부터 4월까지 3개월에 걸쳐 진행한 일제강점기 최대의 노동운동이었다.

신채호가 쓴 우리나라 고대사를 다루고 있는 역사책이다. 일제의 역사 왜곡에 맞서 우리민족의 자주성과 주체성을 살리기 위해 노력한 책이다. 역사관과 역사인식, 역사연구 방법 등 역사를 어떻게 바라보아야 하는지에 대해 이야기하고 있다.

1925년 일본이 치안 안정을 위해 제정한 법이다. 처음에는 일본 내의 혼란을 막고, 불만 세력을 처벌하기 위해 만들었으나 나중에는 식민지에도 똑같이 적용했다. 우리나라에서는 독립운동을 막고 독립운동가들을 처벌하는 수단으로 삼았다.

독립군 양성을 위해 만주에 세운 무관학교이다. 이회영, 이동녕 등이 중심이 되었으며 나중에 신흥무관학교로 이름을 바꾸었다. 1911년부터 1920년까지 10년 동안 2천여 명에 이르는 독립군을 길러냈다.

원산총파업, 한인애국단, 봉오동전투, 독립선언서, 조선총독부, 조선태형령, 청산리전투,
자유시참변, 한국광복군, 헌병경찰제, 조선어학회, 신흥강습소

1 일제가 우리나라 식민통치를 위해 설치한 (   )는 군인 출신의 총독 아래 민족탄압, 민족문화 말살, 경제 수탈을 진두지휘했다. 경복궁에 설치했으며, 지난 1995년 '역사 바로 세우기'의 하나로 철거했다.

2 1920년 만주 봉오동에서 독립군이 일본군을 상대로 이긴 (   )는 홍범도, 최진동 등이 연합하여 독립군 부대를 이끌었다. 일본군을 봉오동 골짜기로 유인하여 승리를 거두었으며 일본군 사상자는 400명이 넘었으나 독립군은 6명만 피해를 입었다.

3 일제가 조선인에게 태형을 가할 수 있도록 한 법은 (   )이다. 태형은 죄를 지은 사람을 형틀에 묶고 엉덩이를 드러내게 해서 회초리로 때리는 형벌이다. 1910년대 무단통치시기에 조선인에게만 이 법률을 적용했다.

4 대한민국 임시정부가 조직한 비밀무장투쟁단체인 (   )은 1932년 일본 도쿄에서 일본천황을 향해 수류탄을 던진 이봉창 의거와 중국 상하이에서 일본군 행사장에 폭탄을 던진 윤봉길 의거가 대표적이다.

5 일제가 1910년대 통치방식인 무단통치를 뒷받침하기 위해 시행한 제도이다. 군인인 헌병에게 경찰업무를 맡겨 우리 민족을 탄압하고 힘으로 억누른 (   )는 강압통치를 뒷받침했다.

6 1920년 만주 청산리에서 일본군을 상대로 이긴 전투는 (   )이다. 봉오동전투에서 패한 일본군이 독립군을 토벌하기 위해 출병하자, 독립군은 연합부대를 결성하고 청산리일대에서 싸워 이긴 전투이다.

7 대한민국 임시정부가 독립군들을 모아 만든 정식 군대인 (   )은 1940년 충칭에서 창설했으며, 지청천이 총사령관이 되었다. 연합군과 함께 포로 심문, 암호 해독 등의 활동에 참여했고, 군사들을 훈련해 국내에 침투시키는 국내진공작전을 준비했다.

8 일제강점기 시절 우리글, 우리말을 지키기 위해 노력한 단체이다. 일제는 우리 민족문화를 말살하기 위해 우리글과 우리말을 사용하지 못하도록 했다. 이에 맞서 ( )는 우리글을 지키고 보급하기 위해 노력했으며, '한글 맞춤법 통일안' 을 마련했다.

9 1919년 3.1만세운동 때 발표한 선언서이다. 우리 민족의 독립 열망을 담아 최남선이 내용을 작성했으며, 민족대표 33인이 서울 태화관에서 독립선언식을 열고 ( )를 낭독했다. 탑골공원에서는 학생 정재용님이 낭독했다.

10 이회영, 이동녕 등이 독립군 양성을 위해 만주에 세운 무관학교가 ( )다. 나중에 신흥무관학교로 이름을 바꾸었다. 1911년부터 1920년까지 10년 동안 2천여 명에 이르는 독립군을 길러냈다.

11 원산지역 노동자들은 1929년 일제의 차별에 맞서 ( )을 일으켰다. 일본인 간부들에 의한 차별과 모욕을 없애고, 노동조건을 개선해 줄 것을 요구했으며 1929년 1월부터 4월까지 3개월에 걸쳐 진행한 일제강점기 최대의 노동운동이었다.

12 봉오동전투, 청산리전투에서 패한 일본이 만주지역에 거주하는 우리 민족을 탄압하고, 독립군에 대한 감시를 늘이자 활동이 어려워진 독립군들이 러시아 자유시로 이동했다. 하지만 무장해제를 놓고 러시아군과 갈등이 벌어져 독립군이 학살당한 사건이 일어났는데, 이를 ( )이라고 한다.

● 다음 밑줄 친 용어를 상황에 맞게 고쳐 쓰세요.

1 <u>1929년</u> 3월 1일 고종황제의 장례식에 맞춰 대규모 만세 시위가 서울 탑골공원을 시작으로 전국에서 일어났다.

_____

2 1920년에 독립군 연합부대는 <u>하와이전투</u>, <u>상하이전투</u>에서 일본군을 크게 이겨, 우리 민족의 독립의지를 드높였다.

_____

3 임시정부가 조직한 비밀무장투쟁단체인 <u>의열단</u>이 벌인 활동은 1932년 일본 도쿄에서 일본천황을 향해 수류탄을 던진 이봉창 의거와 중국 상해에서 일본군 행사장에 폭탄을 던진 윤봉길 의거가 대표적이다.

_____

● 〈보기〉에 나오는 용어를 3개 이상 넣어 문장을 만들어 보세요.

보기 봉오동전투, 청산리전투, 한인애국단, 한국광복군, 독립선언서

_____

_____

보기 조선태형령, 헌병경찰제, 조선총독부, 치안유지법, 자유시참변

_____

_____

● 다음 빈칸에 적당한 용어를 넣어 일기를 완성해 보세요.

학교에서 돌아오는 길에 '일본천황에게 수류탄을 던진 (   )단원 이봉창'이라는 신문 기사를 봤다. 가슴이 어찌나 뛰던지. 일본 경찰의 감시가 심해져서 얼굴에 웃음꽃을 피울 순 없었지만, 마음속으로 쾌재를 불렀다. 눈치를 보니 친구들도 한마음인 것 같았다. 저녁 먹는 자리에서 아버지가 나라를 위해 열심히 활동하시는 분들이 계속 나오고 있으니 곧 독립이 될 수도 있을 것 같다고 말씀하셨다. 생각만 해도 기쁘다.

일제강점기 3

❖용어 pick

토지조사사업, 광주학생항일운동, 일본군 위안부, 대한민국임시정부,
물산장려운동, 서대문형무소, 민족자결주의, 산미증식계획,
3.1만세운동, 국내진공작전

용어 사전

1929년 전라도 광주 지역 중고등학생들이 벌인 항일운동이다. 광주에서 나주로 가는 통학기차에서 일본인 남학생들이 한국인 여학생을 희롱한 사건을 계기로 민족 차별에 맞서 억눌려 있던 학생들이 들고 일어난 항일운동이다.

대한민국임시정부가 한국광복군을 국내에 침투시켜 일제와 맞서 싸우려한 작전이다. 이 작전은 미군과 함께 합동작전으로 진행되었으며, 1945년 8월 18일이 실행 예정일이었다. 하지만 8월 15일 일제의 무조건 항복선언으로 진행하지 못했다.

1919년 3.1만세운동을 계기로 세워진 정부이다. 우리 민족의 독립의지를 한 곳으로 모으고, 독립운동 단체들의 힘을 모아 독립운동을 더욱 열심히 해 나가기 위한 방법이었다. 다른 나라와 외교활동을 벌이기에 유리하고 일제의 간섭이 심하지 않은 중국 상하이에 세웠다.

우리나라 기업이 생산한 물건을 구입하자는 국산품애용운동이다. 1920년 평양에서 시작되었으며, 조만식이 중심인물이었다. 우리 민족의 경제적 자립을 위해 실시한 운동이며, 소비절약, 금연 금주 운동도 함께 진행했다.

민족의 운명은 그 민족 스스로 결정할 수 있다는 주장이다. 1918년 1차 세계대전이 끝나고 전후처리를 위해 미국 대통령 우드로 윌슨이 평화원칙 14개조를 발표했다. 이 가운데 12번째 조항에 나오는 내용으로 약소국 식민지 국가들에게 독립에 대한 희망을 품을 수 있게 했다. 우리나라 3.1 만세운동에도 큰 영향을 미쳤다.

일제가 쌀 생산을 늘리기 위해 수립한 계획이다. 1920년대 일본 내의 쌀 부족분을 우리나라에서 생산을 늘려 채우려고 한 것이다. 새로이 농지를 만들고 수리 시설을 확충해 쌀 생산량을 늘렸다. 하지만 늘어난 생산량보다 더 많은 양의 쌀이 일본으로 빠져나가자 국내에서는 식량부족으로 쌀값이 올라 국민들의 삶은 더 어려워졌다.

1919년 3월 1일에 일어난 독립만세운동이다. 1차 세계대전이 끝난 뒤 민족자결주의가 널리 퍼지자 우리 민족도 일제식민지에서 독립하기 위한 준비를 진행했다. 우리 민족의 독립의지를 전 세계에 알림과 동시에 우리 민족이 하나로 뭉치는 계기가 된 사건이다. 대한민국 임시정부 수립의 계기도 되었다.

일제가 독립운동가를 투옥하기 위해 만든 감옥이다. 조선통감부가 1908년 항일 의병 등을 투옥할 목적으로 만든 감옥에서 출발했다. 일제 식민지가 되고 식민통치에 저항하는 독립운동가들이 늘어나자, 약 3000명까지 투옥할 수 있는 규모로 커졌다.

일제가 우리나라의 토지를 빼앗기 위해 실시한 정책이다. 토지 소유주를 확인한다는 명분을 내세웠지만 실제로는 신고하지 않은 토지는 주인 없는 토지로 여겨 조선총독부 소유로 만들려고 한 것이다. 1910년대의 대표적인 경제 수탈정책이며 이 조사로 인해 많은 국민들이 토지를 잃고 소작농으로 전락했다.

일제가 중일전쟁이후에 우리나라 여성들을 강제로 끌고 가 성폭력을 자행하고, 인권을 유린한 것이다. 전쟁을 수행하는 일본군을 위해 우리나라 여성들을 성노예로 삼았으나, 아직까지도 이에 대한 인정과 사과를 하지 않고 있다.

❖용어 비교

	초등	중등
공통 수록	토지조사사업, 광주학생항일운동, 일본군 위안부, 대한민국임시정부, 물산장려운동, 서대문형무소, 민족자결주의, 산미증식계획, 3.1만세운동, 국내진공작전	
개별 수록		국가총동원법, 동양척식주식회사, 민립대학설립운동, 민족말살정책, 105인사건, 병참기지화정책, 브나로드운동, 2.8독립선언, 조선혁명선언, 황국신민화정책, 실력양성운동, 암태도소작쟁의, 6.10만세운동, 조선어학회사건, 파리강화회의, 한일병합조약, 황국신민서사

용어 사전

일제가 전쟁 수행에 필요한 모든 것을 동원할 수 있도록 1938년 제정한 법이다. 1937년 일으킨 중일전쟁을 비롯해 전쟁에 필요한 인적, 물적 자원을 모두 사용할 수 있도록 만든 법이다. 일본뿐만 아니라 우리나라에도 적용해 강제 징용, 징병, 일본군 위안부로 사람들을 끌고 갔을 뿐만 아니라 놋그릇 공출 등 수많은 물자를 약탈해 갔다.

일제가 우리나라 경제 수탈을 목적으로 세운 회사이다. 1908년 만들었으며, 이 회사를 통해 수많은 토지와 자원을 약탈했다. 유럽 국가들이 인도에 세운 동인도회사를 모방한 것이며 경제침략 기관이었다.

1920년대 인재 양성 목적으로 대학을 세우려고 했던 운동이다. 독립운동가들이 일제의 식민지 정책에 맞서 민족의 실력을 키우고 이끌어갈 지도자를 키우기 위해 민립대학기성준비회를 조직하고 노력했다. 하지만 일제의 탄압으로 성공하지 못했다.

일제가 1930년대 말부터 우리민족성을 없애고 일본에 동화시키기 위해 실시한 정책이다. 학교에서는 우리말 사용금지, 우리역사 교육을 금지시키고 일본어만을 사용하도록 했다. 또 아침마다 일본천황이 사는 곳을 향해 절을 하는 궁성요배, 일본 천황에게 충성을 맹세하는 황국신민서사를 외우도록 강요했다.

일제가 1911년 대표적인 독립운동가 105명을 잡아들인 사건이다. 한일병합이후 우리 민족의 저항을 잠재우기 위해 '데라우치 총독 암살 미수 사건'을 조작하여 105명의 독립운동가들을 잡아들였다. 이 사건으로 중요 활동가들이 대부분 체포되어 비밀결사단체인 신민회는 해산했다.

일제가 전쟁준비를 위한 보급창고로 우리나라를 활용한 정책이다. 1931년 만주사변, 1937년 중일전쟁 등을 일으킨 일제는 우리나라 북부지방에 군수물자 생산을 위한 군수산업을 발전시켜 침략에 필요한 전쟁물자를 보급하는 창고로 이용했다.

1930년대 초반 동아일보사가 진행한 농촌계몽운동이다. '민중 속으로'라는 뜻을 가진 러시아어로 19세기 후반 러시아 학생들이 방학을 이용해 농촌에서 계몽운동을 벌이자 농촌계몽운동을 상징하는 말이 되었다. 조선일보사도 '아는 것이 힘, 배워야 산다'는 구호를 내세우며 농촌계몽운동에 동참했다.

일본 도쿄에서 유학생들이 1919년 2월8일에 벌인 독립선언운동이다. 11명의 유학생이 우리나라의 독립을 주장하는 독립선언서를 발표했고, 여러 나라 대사관과 언론 등에 배포했다. 뒤이어 우리나라에서 일어난 3.1만세운동에 크게 영향을 끼친 사건이다.

신채호가 작성한 의열단 선언문이다. 의열단은 3.1만세운동 이후 만들어진 무장독립단체로 김원봉이 이끌었다. 1923년에 쓴 이 선언문은 의열단이 자신들의 독립운동 방향성을 세우는 데 크게 기여했다.

일본 천황에게 충성하고 일본신민이 되도록 강요한 정책이다. 일제가 실시한 민족말살정책의 하나로 이름을 일본식으로 바꾸는 창씨개명, 신사참배 강요, 황국신민서사 암송 등이 구체적인 내용이었다.

우리 민족의 실력을 키워 일제로부터 독립하자는 운동이다. 1920년에 구체화되었으며 국산품을 애용하자는 물산장려운동, 대학을 세워 인재를 양성하자는 민립대학설립운동, 민족기업육성, 농촌 계몽운동 등의 활동을 말한다.

암태도 소작인들이 지주에게 소작료를 낮추어달라고 벌인 농민운동이다. 1923년 암태도에서 소작인들이 친일 지주를 상대로 1년 동안 싸워 소작료를 낮춘 사건이다. 1920년대 소작인들이 어떠한 처지에 있는 지를 잘 보여주었으며 대표적인 농민항쟁으로 꼽히고 있다.

1926년 순종의 장례식에 맞춰 일어난 독립만세운동이다. 사회주의 단체와 민족주의 단체가 함께 준비했으며, 이후 신간회가 만들어지는 바탕이 되기도 했다. 전국에서 동시에 진행되었으며, 약 5000여 명이 연행되었다.

1940년대 초 일제가 민족운동을 탄압하기 위해 조선어학회 회원 33명을 체포한 사건이다. 학교에서 조선어 사용과 교육을 금지했음에도 조선어학회가 우리말 큰사전 편찬 등 지속적인 활동을 해 나가자 사건을 조작하여 회원들을 체포하고 탄압한 사건이다.

1차 세계대전 마무리를 위해 프랑스 파리에서 승전국들이 개최한 회의이다. 1919년부터 1920년까지 진행되었으며, 국제연맹 창설, 패전국들과의 조약 등이 정해졌다. 대한민국 임시정부는 신한청년단 김규식을 대표로 파견해 독립의지를 밝혔다.

우리나라의 통치권이 일본 천황에게 넘어간다는 내용의 조약이다. 1910년 8월 29일 일제에 의해 강제로 체결되었으며 내각총리대신 이완용이 서명했다. 우리나라가 일본에 속한다는 뜻이며, 이날을 국가적으로 치욕스러운 날이라고 해서 경술국치일이라고 부른다.

일제가 우리 민족 말살을 위해 암송하도록 강요한 글이다. '나는 대일본 제국의 신민이며, 천황폐하께 충성을 다한다'는 내용이 핵심이다. 어른 아이 할 것 없이 시도 때도 없이 외우도록 강요해 세뇌가 되도록 했다.

브나로드운동, 토지조사사업, 광주학생항일운동, 일본군 위안부, 민족말살정책, 대한민국임시정부, 물산장려운동, 병참기지화정책, 서대문형무소, 민족자결주의, 산미증식계획, 3.1만세운동, 국내진공작전

1 일제가 우리나라의 토지를 빼앗기 위해 실시한 정책이다. 토지 소유주를 확인한다는 명분을 내세웠지만 실제로는 신고하지 않은 토지는 주인 없는 토지로 여겨 조선총독부 소유로 만들려고 한 것이다. (   )은 1910년대의 대표적인 경제 수탈정책이며 이 조사로 인해 많은 국민들이 토지를 잃고 소작농으로 전락했다.

2 1919년 3.1만세운동을 계기로 우리 민족의 독립의지를 한 곳으로 모으고, 체계적인 독립운동을 벌이기 위해 만든 것이 (   )다. 다른 나라와 외교활동을 벌이기에 유리하고 일제의 간섭이 심하지 않은 중국 상하이에 세웠다.

3 1929년 전라도 광주 지역 중고등학생들이 벌인 (   )은 광주에서 나주로 가는 통학기차에서 일본인 남학생들이 한국인 여학생을 희롱한 사건이 계기였다. 민족 차별에 맞서 억눌려 있던 학생들이 들고 일어난 항일운동이다.

4 임시정부가 한국광복군을 국내에 침투시켜 일제와 맞서 싸우려한 작전인 (   )은 미군과 함께 합동작전으로 진행되었으며, 1945년 8월 18일이 실행 예정일이었다. 하지만 8월 15일 일제의 무조건 항복 선언으로 진행하지 못했다.

5 1918년 1차 세계대전이 끝나고 전후처리를 위해 미국 대통령 우드로 윌슨이 평화원칙 14개조를 발표했다. 이 가운데 12번째 조항인 (   )는 약소국 식민지 국가들에게 독립에 대한 희망을 품을 수 있게 했다. 민족의 운명은 그 민족 스스로 결정할 수 있다는 주장으로 3.1 만세운동에도 큰 영향을 미쳤다.

6 1920년대 일본 내의 쌀 부족분을 우리나라에서 생산을 늘려 채우려고 수립한 계획이 (   )이다. 새로이 농지를 만들고 수리 시설을 확충해 쌀 생산량을 늘렸다. 하지만 늘어난 생산량보다 더 많은 양의 쌀이 일본으로 빠져나가자 식량이 부족해진 국내에서는 쌀값이 올라 국민들의 삶은 더 어려워졌다.

7 1919년 3월 1일에 일어난 (   )은 우리 민족의 독립의지를 전 세계에 알림과 동시에 우리 민족이 하나로 뭉치는 계기가 된 사건이다. 대한민국 임시정부 수립의 계기도 되었다.

8 일제가 독립운동가를 투옥하기 위해 만든 감옥인 (　　　　　)는 조선통감부가 1908년 항일 의병 등을 투옥할 목적으로 만든 감옥에서 출발했다. 일제 식민지가 되고 식민통치에 저항하는 독립운동가들이 늘어나자, 약 3000명까지 투옥할 수 있는 규모로 커졌다.

9 우리나라 기업이 생산한 물건을 구입하자는 국산품애용운동인 (　　　　　)은 1920년 평양에서 시작되었으며, 조만식이 중심인물이었다. 우리 민족의 경제적 자립을 위해 실시한 운동이며, 소비절약, 금연 금주 운동도 함께 진행했다.

10 일제가 중일전쟁이후에 우리나라 여성들을 강제로 끌고 가 성폭력을 자행하고, 인권을 유린한 것이 (　　　　　)다. 전쟁을 수행하는 일본군을 위해 우리나라 여성들을 성노예로 삼았으나, 아직까지도 이에 대한 인정과 사과를 하지 않고 있다.

11 일제가 1930년대 말부터 우리민족성을 없애고 일본에 동화시키기 위해 실시한 정책이 (　　　　　)이다. 학교에서는 우리말 사용금지, 우리역사 교육을 금지시키고 일본어만을 사용하도록 했다. 또 아침마다 일본천황이 사는 곳을 향해 절을 하는 궁성요배, 일본 천황에게 충성을 맹세하는 황국신민서사를 외우도록 강요했다.

12 일제가 전쟁준비를 위한 보급창고로 우리나라를 활용한 정책이 (　　　　　)이다. 1931년 만주를 침략한 만주사변, 1937년 중국을 침략한 중일전쟁 등을 일으킨 일제는 우리나라 북부지방에 군수물자 생산을 위한 군수산업을 발전시켜 침략에 필요한 전쟁 물자를 보급하는 창고로 이용했다.

13 (　　　　　)은 1930년대 초반 동아일보사가 진행한 농촌계몽운동이다. '민중 속으로'라는 뜻을 가진 러시아어로 19세기 후반 러시아 학생들이 방학을 이용해 농촌에서 계몽운동을 벌이자 농촌계몽운동을 상징하는 말이 되었다. 조선일보사도 '아는 것이 힘, 배워야 산다'는 구호를 내세우며 농촌계몽운동에 동참했다.

● 다음 밑줄 친 용어를 상황에 맞게 고쳐 쓰세요.

1 산미증식계획은 1910년대의 대표적인 경제 수탈정책이며 이로 인해 많은 국민들이 토지를 잃고 소작농으로 전락했다.

_____

2 1919년 3.1만세운동을 계기로 우리 민족의 독립의지를 한 곳으로 모으고, 체계적인 독립운동을 벌이기 위해 만든 것이 물산장려운동이다.

_____

3 민족자결주의는 우리 민족의 독립의지를 전 세계에 알림과 동시에 우리 민족이 하나로 뭉치는 계기가 된 사건이다.

_____

● 〈보기〉에 나오는 용어를 3개 이상 넣어 문장을 만들어 보세요.

> **보기** 동양척식주식회사, 서대문형무소, 일본군위안부, 산미증식계획, 민족말살정책

_____

> **보기** 2.8독립선언, 3.1만세운동, 민족자결주의, 대한민국임시정부, 물산장려운동

_____

● 다음 빈칸에 적당한 용어를 넣어 일기를 완성해 보세요.

> 농지를 개간하여 쌀 생산을 늘리는 (   )을 시행한다며 부모님을 계속 불러 일을 시켰다. 부모님은 쌀 생산이 늘어나면 우리집 살림도 늘어나는 것이니 좋은 일로 생각하자며 일본놈들이 시키는대로 묵묵히 일하셨다. 그런데 수확이 늘어난 양보다 더 많은 양을 농지사용료로 뺏어갔다. 쌀 생산량은 늘어났는데, 식량은 더 부족해졌다. 수확량 하나만 믿고 부모님은 하루하루 힘들게 일하셨는데.

14 일제강점기 인물

❖인물 pick

김좌진, 신채호, 안중근, 여운형, 윤동주, 윤봉길, 이봉창, 김구, 유관순,
이완용, 장인환, 홍범도, 전형필, 조만식, 최현배, 이육사, 한용운,
전명운, 심훈, 박은식, 안창호, 이재명, 이회영

인물 사전

대한민국 임시정부 주석으로 우리나라 독립운동을 이끌었다. 호는 백범
이며 임시정부를 비롯한 독립운동이 침체기에 빠졌을 때 한인애국단을
결성하여 새로운 활로를 모색했다. 해방 이후에는 단독정부 수립에 반
대하고 통일 정부 수립을 위해 노력했지만 1949년 안두희에게 암살당
했다.

북로군정서를 이끌고 1920년 청산리전투를 승리로 이끈 독립운동가이
다. 대한독립군을 비롯한 다른 부대와 연합하여 독립군 토벌을 위해 출
병한 일본군을 상대로 큰 승리를 거두었다. 10여 차례 벌어진 전투에서
일본군 1200여 명을 사살했지만 독립군 피해는 100여 명에 불과했다.

일제강점기 때 활약한 독립운동가이자 역사가이다. 우리나라 역사를 연
구한 〈조선상고사〉 〈독사신론〉 등을 집필해 민족정신을 되살리는 데 힘
썼다. 또 김원봉이 조직한 무장독립운동단체 의열단 선서인 '조선혁명
선언'을 썼다.

이토 히로부미를 죽인 독립운동가이다. 1905년 을사늑약이 체결되자,
의병을 일으켜 일제에 맞섰다. 1909년에는 단지동맹을 결성하고 중국
하얼빈을 방문한 이토 히로부미를 암살했다. 이토 히로부미는 침략의
원흉이자 초대 통감으로 식민통치 기반을 마련한 사람이다.

비밀결사단체인 신민회를 만든 독립운동가이다. 독립협회에서 활동하다가 해체되자 미국으로 망명해서 활동했다. 1907년 귀국했고 대성학교를 세웠다. 1910년 한일병합이 이뤄지자 다시 미국으로 활동무대를 옮겨 흥사단을 이끌었다. 대한민국 임시정부에서 내무총장을 맡았다.

조선건국준비위원회를 이끌었던 독립 운동가이다. 그는 지속적인 독립운동을 벌였고, 1944년 조선건국동맹을 만들어 일제 패망 이후를 준비했다. 1945년 일본이 연합군에 항복하자 조선건국동맹을 조선건국준비위원회로 확대 개편하고 새로운 나라 만들기에 전념했다. 좌우합작운동을 통해 분단을 막고 통일 정부 세우기에 노력했으나 1947년 암살당했다.

'별헤는 밤', '참회록' 등을 쓴 저항시인이다. 연희전문학교를 졸업하고 일본으로 유학을 갔다. 하지만 일본에서 독립운동을 했다는 혐의로 잡혀가 2년형을 선고받고 생체실험을 당하다 1945년 2월 후쿠오카 형무소에서 사망했다. 그의 죽음 이후 작품들을 모아 유고시집 〈하늘과 바람과 별과 시〉가 출간되었다.

한인애국단 소속으로 1932년 중국 상하이에서 일본군에게 폭탄을 던진 독립운동가이다. 일본 왕 생일 기념식 및 전쟁승리 축하기념식을 거행하는 행사장에 물병 폭탄을 던져 일본군 장교와 고위관리 여러 명을 죽이는 성과를 냈다. 한인애국단은 일본 주요 인물 암살을 위해 임시정부가 만든 무장독립운동단체이다.

한인애국단 소속으로 1932년 일본 도쿄에서 일왕을 향해 수류탄을 던진 독립운동가이다. 일왕을 암살하지는 못했지만, 시도 자체만으로도 독립운동에 새로운 기운을 불어 넣는 계기가 되었다. 한인애국단은 일본 주요 인물 암살을 위해 임시정부가 만든 무장독립운동단체이다.

1919년 3.1만세운동 때 활약한 독립운동가이다. 당시 이화학당에 다니는 여학생이었으며, 3.1만세운동으로 학교가 휴교하자 고향인 천안으로 내려가 만세운동을 이어갔다. 만세운동 주모자로 잡혀 온갖 고문을 당한 뒤 서대문형무소에서 사망했다.

1905년 을사늑약 체결에 앞장서고 1910년 총리대신으로 한일병합조약을 체결한 대표적인 친일파이다. 한일병합조약을 체결한 대가로 일제로부터 귀족 작위와 많은 돈을 받았다. 1926년 사망할 때까지 일본 편에 서서 높은 지위를 차지하고 일제의 식민 지배를 도왔다.

1905년 을사늑약 체결에 앞장 선 이완용을 암살 시도한 독립 운동가이다. 1904년 미국 하와이로 이민을 갔으나 독립운동 단체에 가담한 뒤 국내로 귀국했다. 이완용 처단을 목표로 삼고 1909년 서울 명동성당 앞에서 이완용을 찔렀으나 죽이지는 못했다. 현장에서 체포되어 사형을 언도받고, 1910년 순국했다.

신흥무관학교를 세우고 독립군을 양성한 독립 운동가이다. 신민회 결성, 헤이그특사 파견 등 한일병합이전 굵직굵직한 일들에 깊이 관여했다. 한일병합이 되자 전 재산을 처분하여 형제들과 함께 중국으로 이주했고 독립운동 기지 건설, 독립군 양성 등에 헌신했다. 1932년 일본군사령관 암살 작전 때 밀고로 잡혀 순국했다.

친일 미국인 스티븐스를 죽인 독립 운동가들이다. 일본은 1904년 러일전쟁을 일으킨 뒤 한일의정서를 체결하고 외교고문으로 친일 미국인 스티븐스, 재정고문으로 메가다를 임명했다. 스티븐스는 일본에 유리한 외교를 펼쳐 우리나라가 일제식민지가 되는 데 도움을 주었다. 이들은 미국 샌프란시스코에서 스티븐스를 사살했다.

대한독립군을 이끌고 1920년 봉오동 전투를 승리로 이끈 독립운동가이다. 만주에 근거지를 두고 두만강을 건너 국경을 지키는 일본군 헌병 초소를 습격하는 등 여러 활동을 벌였다. 이에 일본군이 대규모 군대를 이끌고 토벌작전을 벌이자 봉오동으로 유인하여 큰 승리를 거두었다.

문화재 수집을 통해 우리민족 정신을 지키려고 한 인물이다. 일본으로 팔려나가는 많은 문화재를 전 재산을 들여 사들이고 일제의 요구에도 팔지 않았다. 덕분에 청자상감운학문매병, 훈민정음 해례본 등 많은 문화유산을 지킬 수 있었다. 최초의 사립미술관인 간송미술관을 세웠다.

물산장려운동을 주도한 독립 운동가이다. 물산장려운동은 1920년대 평양에서 시작해 전국으로 퍼진 국산품을 사용하자는 운동으로 일제의 경제침탈에 맞서 민족자본을 키우자는 취지였다. 이외에도 오산학교, 숭실전문학교 등에서 교육활동을 펼쳐 인재 양성에 힘썼다.

우리말과 글을 지키기 위해 노력한 국어학자이다. 조선어학회 회원으로 한글날제정, 한글 맞춤법 통일안 마련, 표준말 제정, 외래어 표기법 통일, 우리말큰사전 편찬 등의 활동을 했다. 조선어학회는 우리말과 글을 지키고 보존하기 위해 노력한 학술단체이다.

저항 시인이자 독립운동가이다. 본명은 원록이었으나, 독립운동으로 감옥에 갇혀 받은 죄수번호 264번을 자기 호로 사용했다. 저항시인으로 청포도, 광야, 절정 등을 발표해 독립의지와 독립에 대한 소망을 노래했다. 의열단 단원으로도 활동해 17차례에 걸친 체포와 투옥을 반복했다.

저항시인이자 독립운동가, 스님이다. 3.1 만세 운동을 주도한 민족대표 33인 가운데 한 명으로 불교계를 대표했으며 저항시로는 '님의 침묵'이 대표작이다. 변절한 사람들은 죽은 사람으로 취급해 찾아와도 만나지 않았으며, 자신이 사는 집을 북향으로 지어 조선총독부를 바라보지 않고 등지게 했다.

저항시인이자 소설가이다. 1930년대 농촌 계몽 운동을 다룬 소설 상록수를 썼다. 이 소설은 1935년부터 1936년까지 동아일보에 연재되었으며, 브나로드 운동을 활성화시키는 계기가 되었다. 저항시 '그날이오면'을 통해 독립에 대한 의지와 광복의 기쁨을 노래했다. 이육사, 한용운과 함께 대표적인 저항시인으로 꼽히고 있다.

민족주의 역사학자이자 독립운동가이다. 한국통사, 독립운동지혈사 등을 써 신채호 선생과 쌍벽을 이룬 역사학자이며 일제강점기 때 역사연구를 통해 우리 민족의 정체성을 확립하는데 기여했다. 임시정부 2대 대통령을 지냈다.

❖인물 비교

	초등	중등
공통 수록	김좌진, 신채호, 안중근, 여운형, 윤동주, 윤봉길, 이봉창, 김구, 유관순, 이완용, 장인환, 홍범도, 최현배, 이육사, 한용운, 전명운, 심훈, 박은식, 안창호, 이재명	
개별 수록	전형필, 조만식, 이회영	김원봉, 나운규, 나철, 방정환, 백남운, 지청천, 주시경, 이지용, 이근택, 양세봉, 김규식, 김상옥, 순종, 송병준, 박제순, 박승환, 노천명, 김익상, 권중현, 손병희, 이상재, 나혜석, 나석주, 이준, 이상설, 이위종, 서상돈, 양기탁, 장지연, 이인영

인물 사전

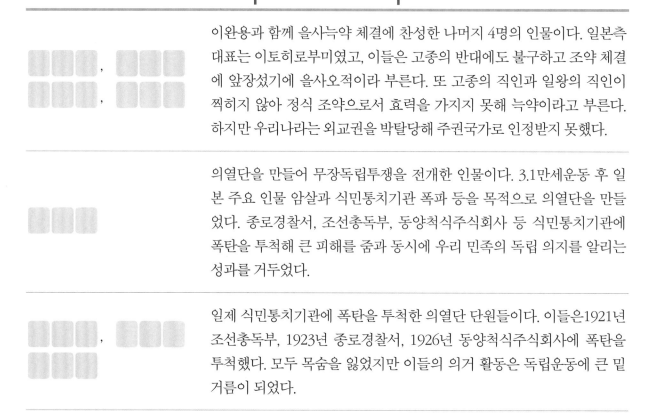

이완용과 함께 을사늑약 체결에 찬성한 나머지 4명의 인물이다. 일본측 대표는 이토히로부미였고, 이들은 고종의 반대에도 불구하고 조약 체결에 앞장섰기에 을사오적이라 부른다. 또 고종의 직인과 일왕의 직인이 찍히지 않아 정식 조약으로서 효력을 가지지 못해 늑약이라고 부른다. 하지만 우리나라는 외교권을 박탈당해 주권국가로 인정받지 못했다.

의열단을 만들어 무장독립투쟁을 전개한 인물이다. 3.1만세운동 후 일본 주요 인물 암살과 식민통치기관 폭파 등을 목적으로 의열단을 만들었다. 종로경찰서, 조선총독부, 동양척식주식회사 등 식민통치기관에 폭탄을 투척해 큰 피해를 줌과 동시에 우리 민족의 독립 의지를 알리는 성과를 거두었다.

일제 식민통치기관에 폭탄을 투척한 의열단 단원들이다. 이들은1921년 조선총독부, 1923년 종로경찰서, 1926년 동양척식주식회사에 폭탄을 투척했다. 모두 목숨을 잃었지만 이들의 의거 활동은 독립운동에 큰 밑거름이 되었다.

경제학자이자 역사학자이다. 일제강점기 때 우리나라 사회 경제사를 연구했으며, 이를 바탕으로 조선사회경제사를 펴냈다. 또 우리나라 역사를 세계사의 보편법칙에 따라 발전했음을 강조하는 유물사관을 주장했다.

일진회를 이끈 대표적인 친일파이다. 일진회는 을사늑약 체결지지, 고종황제 퇴위, 한일병합 등을 주장한 친일단체이다. 을사늑약 체결 전에는 우리나라 외교권을 일본에게 넘길 것을 주장하는 선언문을 발표하기도 했다. 한일병합이후 일본 귀족 작위를 받았다.

대한민국 임시정부에서 활약한 독립운동가이다. 1차 세계대전 전후처리를 위해 열린 파리강화회의에 참석해 대한민국 임시정부 명의로 된 탄원서를 제출했다. 대한민국 임시정부에서 외무총장과 부주석을 겸임했다.

아동문학가이자 어린이운동가이다. 어린이들을 위한 동화, 동시 등을 많이 썼다. 동학을 천도교로 바꾼 손병희의 셋째 사위가 되면서 천도교소년회를 중심으로 어린이 운동을 벌였다. 어린이라는 명칭과 어린이날을 만들었고, 어린이를 어른의 부속물이 아닌 동등한 인격체로 대우해야 한다는 내용을 널리 알렸다.

영화감독이자 영화배우이다. 1926년 영화 '아리랑'을 감독하고 직접 주연배우로 출연해 인기를 얻었다. 감독, 배우, 시나리오를 직접 쓰는 방식으로 대부분의 영화를 만들었다. 영화를 통해 일제강점기 시절 민족의 아픔을 노래했다.

대종교를 만든 창시자이자 독립운동가이다. 오기호와 함께 1909년 우리 민족의 시조라고 일컬어지는 단군왕검을 섬기는 대종교를 만들었고 을사오적 암살 시도를 진행했다. 1911년 대종교 산하 조직으로 독립운동을 전개하는 중광단을 만들었다.

천도교 3대 교주이자 독립운동가이다. 3.1만세운동을 주도한 민족대표 33인 가운데 한 사람이다. 최제우가 창시하고 최시형이 널리 퍼트린 동학을 천도교로 이름 바꾸고 재정비했다. 일간신문 만세보를 창간해 친일단체와 친일 인사들에 대한 비판을 많이 했다. 또한 많은 학교 후원으로 인재 양성에 힘썼다.

청년운동, 교육운동에 앞장 선 독립운동가이다. 1920년대 민립대학설립운동을 이끌었다. 민립대학설립운동은 우리 민족의 실력을 키워 독립을 이루자는 실력양성론을 바탕에 두고 인재 양성을 목표로 기금을 모아 대학을 세우자는 운동이었다. 1927년 비타협적 민족주의자와 사회주의 세력이 힘을 합쳐 만든 신간회 초대 회장을 했다.

한국광복군 총사령관으로 독립운동을 이끈 인물이다. 일본 육군사관학교에 유학, 일본군 장교가 되었으나 탈출해 독립군에 참여했다. 한국독립군 사령관을 거쳐 1940년 대한민국 임시정부에서 만든 한국광복군 총사령관으로 활약했다. 한국광복군은 중국 곳곳에서 무장투쟁을 하던 독립군을 모아 만든 정식 군대이다.

국어학자이자 독립운동가이다. 자신이 갈 수 있는 곳이면 어디든 찾아가 강의했고, 교재를 보따리에 싸서 다닌다고 주보따리라는 별명을 얻었다. 많은 제자를 두었는데 이윤재와 최현배가 그의 뒤를 이어 우리말과 글을 지키고 퍼트리는데 크게 활약했다.

무장독립투쟁을 벌인 독립운동가이다. 1930년대에 주로 활약했으며 조선혁명군을 이끌고 남만주 일대에서 중국 의용군과 한중연합작전을 벌였다. 영릉가전투, 흥경성전투 등을 승리로 이끌었지만 1934년 밀정의 계략에 빠져 일본군과 전투 중에 사망했다.

조선 27대 임금이자 대한제국 2대 황제이다. 1907년 헤이그특사 파견 사건으로 고종이 강제 퇴위 당하자 일본에 의해 왕위에 올랐다. 하지만 제대로 된 권한을 행사하지 못했다. 1926년 6월 10일 그의 장례식 때 전국에서 항일 만세 시위가 일어났다.

대한제국 군인으로 군대해산에 저항하여 자결한 인물이다. 1907년 헤이그특사파견을 이유로 일제가 고종황제를 강제 퇴위시킨 다음 군대까지 해산하자, 1연대 대대장이었던 그는 이에 저항하여 자결했다. 이를 계기로 해산된 군인들은 무기고를 습격하여 일본 군인과 맞서 싸우고 적극적인 의병활동에 나서게 되었다.

시인이자 친일문학가이다. 시인으로 등단한 뒤 일제가 태평양전쟁을 일으키자 일제의 승리를 찬양하고 우리나라 청년들이 일본 군대에 입대하여 싸울 것을 주장하는 시들을 많이 썼다. 또한 여성들도 전쟁에서 활약할 것을 당부하는 강연이나 칼럼 등을 써서 일본이 벌인 전쟁에 협력했다.

우리나라 최초의 여성 서양화가이다. 최초로 개인전을 연 여성화가, 최초의 여성 서양화가 등 주목도 받았지만 개인적 고통도 많았다. 많은 작품을 그렸으나 화재로 사라진 것이 많아 지금까지 전해지는 작품은 많지 않다. 여성의 삶을 다룬 소설가로도 활약했다.

헤이그특사로 파견된 세 인물이다. 1907년 네덜란드 헤이그에 열린 세계 만국 평화회의에 을사늑약의 부당함을 알리기 위해 특사로 파견되었다. 하지만 일제의 방해에 의해 회의에 참석하지 못하고, 회의장 앞에서 여러 나라 언론을 상대로 기자회견을 열고 일제 침략의 부당함을 알렸다.

일본에 진 빚을 갚자는 국채보상운동을 주도한 두 인물이다. 우리나라가 일본에 진 빚을 갚으면 국권을 회복할 수 있다고 믿고, 나라가 갚지 못하니 국민들이 나서서 갚자고 주장했다. 국채보상운동기성회를 조직하고 대구에서 시작했다. 영국인 베델이 설립한 신문사 대한매일신보가 많은 도움을 주었다. 금주, 금연운동을 벌이고 가락지, 비녀 등을 기부받는 등 전국적인 모금운동을 벌였으나 일제의 방해로 실패했다.

외세에 저항하여 의병을 일으킨 의병장이다. 1907년 헤이그특사파견으로 고종황제가 강제퇴위당하고 군대마저 해산당했다. 그러자 전국 각지에서 의병이 일어나고 해산한 군인들이 의병에 합류하자 의병 세력이 강해졌다. 전국에서 일어난 의병부대를 정비하여 13도 창의군을 만들고 총대장을 맡았다. 한양진공작전을 준비했으나 성공하지 못했다.

을사늑약에 반대해 '시일야방성대곡'을 쓴 언론인이다. 1905년 일제에 의해 우리나라의 외교권이 박탈당하는 을사늑약이 체결되자, 이에 항의하는 사설을 황성신문에 게재했다. '시일야방성대곡'이라는 제목으로 '오늘 목 놓아 운다'는 뜻을 담고 있다.

인물 확인

최현배, 이육사, 한용운, 심 훈, 이완용, 이재명, 박은식, 김좌진, 윤봉길, 이봉창
안중근, 여운형, 유관순, 이회영, 홍범도, 전형필, 조만식, 안창호, 김구, 윤동주

1 대한민국 임시정부 주석으로 우리나라 독립운동을 이끈 (   )는 임시정부를 비롯한 독립운동
이 침체기에 빠졌을 때 한인애국단을 결성하여 새로운 방법을 찾았다. 해방 이후에는 단독정부 수립에
반대하고 통일 정부 수립을 위해 노력했지만 1949년 안두희가 쏜 총에 맞아 돌아가셨다.

2 물산장려운동을 주도한 (   )은 일제의 경제침탈에 맞서 민족자본을 키우는 데 노력했다. 물산
장려운동은 1920년대 평양에서 시작해 전국으로 퍼진 일본제품에 맞서 국산품을 사용하자는 운동이다.

3 우리말과 글을 지키기 위해 노력한 국어학자인 (   )는 조선어학회 사건으로 4년간의 옥고를
치렀다. 조선어학회는 한글 맞춤법 통일안, 표준말 제정, 우리말 큰사전 편찬 등의 활동을 벌이며 우리
말과 글을 지키고 보존하기 위해 노력한 학술단체이다.

4 북로군정서를 이끌고 1920년 청산리전투를 승리로 이끈 (   )는 독립군 토벌을 위해 출병한 일
본군을 청산리로 유인하여 큰 승리를 거두었다. 100여 차례의 전투를 벌여 일본군 1200여 명을 사살했지
만 독립군 피해는 100여 명에 불과한 대승리였다.

5 한인애국단 소속으로 중국에서 무장독립투쟁을 벌인 (   )은 1932년 중국 상하이에서 일본 왕
생일 기념식 및 전쟁승리축하기념식을 거행하는 행사장에 폭탄을 던졌다. 물병 폭탄을 던져 일본군 장
교와 고위관리 등 여러 명을 죽이는 성과를 냈다.

6 신흥무관학교를 세우고 독립군을 양성한 (   )은 전 재산을 처분하여 형제와 가족들 모두 이동
한 만주에서 독립운동 기지 건설, 독립군 양성 등에 헌신했다. 1932년 만주에 있는 일본군사령관 암살
을 목적으로 이동하던 중 밀고로 잡혀 순국했다.

7 대한독립군을 이끌고 1920년 봉오동 전투를 승리로 이끈 (   )는 만주에 근거지를 두고 두만강
을 건너 국경을 지키는 일본군 헌병 초소를 습격하는 등 여러 성과를 거두었다. 이에 일본군이 대규모
군대를 이끌고 토벌작전을 벌이자 봉오동으로 유인하여 큰 승리를 거두었다.

8 (　　　　　)은 1909년 중국 하얼빈을 방문한 이토 히로부미 암살에 성공했다. 이토 히로부미는 우리나라를 일제식민지로 만드는 데 앞장섰으며 초대 통감을 지냈다. 현장에서 붙잡혀 이듬해 루쉰 감옥에서 순국했다.

9 한인애국단 소속으로 일본에서 무장독립투쟁을 벌인 (　　　　　)은 1932년 일본 도쿄에서 일왕을 향해 수류탄을 던졌다. 일왕을 암살하지는 못했지만, 시도 자체만으로도 독립운동에 새로운 기운을 불어넣는 계기가 되었다.

10 독립협회에서 활동하다가 해체되자 미국으로 망명한 (　　　　　)는 1907년 귀국해 대성학교를 세웠다. 1910년 한일병합이 이뤄지자 다시 미국으로 활동무대를 옮겨 흥사단을 이끌었다. 대한민국 임시정부에서 내무총장을 맡았다.

11 조선건국준비위원회를 이끈 (　　　　　)은 1944년 조선 건국동맹을 만들어 일제 패망 이후를 준비했다. 1945년 일본이 연합군에 항복하자 조선건국동맹을 조선건국준비위원회로 확대 개편하고 새로운 나라 만들기에 전념했다. 좌우합작운동을 통해 분단을 막고 통일 정부 세우기에 노력했으나 1947년 암살당했다.

12 별 헤는 밤, 참회록, 서시 등을 쓴 (　　　　　)는 연희전문학교를 졸업하고 일본으로 유학을 갔다. 독립운동을 했다는 혐의로 잡혀가 2년형을 선고받고 1945년 2월 후쿠오카 형무소에서 사망했다. 그의 죽음 이후 유고시집 〈하늘과 바람과 별과 시〉가 출간되었다.

13 1905년 을사늑약 체결에 앞장서고 1910년 총리대신으로 한일병합조약을 체결한 (　　　　　)은 그 대가로 일제로부터 귀족 작위와 많은 돈을 받았다. 1926년 사망할 때까지 일본 편에 서서 높은 지위를 차지하고 일제의 식민 지배를 도왔다.

14 (　　　　　)은 1905년 을사늑약 체결에 앞장 선 이완용을 1909년 암살 시도했다. 이완용 처단을 목표로 서울 명동성당 앞에서 이완용을 찔렀으나 죽이지는 못했다. 현장에서 체포되어 재판에서 사형을 언도받고, 1910년 순국했다.

15 저항 시인이자 의열단원인 (　　　　　)의 본명은 원록이었으나, 독립운동으로 감옥에 갇혀 받은 죄수 번호 264번을 자신의 호로 사용했다. 저항시 '청포도' '광야' '절정' 등을 발표해 독립의지와 독립에 대한 소망을 노래했다.

16 저항시인이자 독립운동가, 스님인 (   )은 3.1만세운동을 주도한 민족대표 33인 가운데 한 명으로 불교계를 대표했다. 변절한 사람은 죽은 사람으로 대했으며 자기 집을 북향으로 지어 조선총독부를 바라보지 않고 등지게 했다. 저항시 '님의 침묵'이 대표작이다.

17 저항시인이자 소설가인 (   )은 이육사, 한용운과 함께 대표적인 저항시인으로 꼽히고 있다. 농촌계몽운동을 다룬 소설 '상록수'를 써 브나로드 운동을 활성화시켰다. 저항시 '그날이 오면'을 써 독립에 대한 의지와 광복의 기쁨을 노래했다.

18 민족주의 역사학자인 (   )은 한국통사, 독립운동지혈사 등을 썼다. 신채호 선생과 쌍벽을 이룬 역사학자이며 역사연구를 통해 우리 민족의 정체성을 확립하는 데 기여했다. 임시정부 2대 대통령을 지냈다.

19 1919년 3.1만세운동 때 활약한 (   )은 당시 이화학당에 다니는 여학생이었다. 3.1만세운동으로 학교가 휴교하자 고향인 천안으로 내려가 만세운동을 이어갔다. 만세운동 주모자로 잡혀 갖은 고문을 당한 뒤 서대문형무소에서 순국했다.

20 문화재 수집을 통해 우리민족의 정신을 지키려고 한 (   )은 일본으로 팔려나가는 많은 문화재를 사들였다. 전 재산을 투자했고 일제의 요구에도 되팔지 않았다. 덕분에 청자상감운학문매병, 훈민정음해례본 등 많은 문화유산이 남아 있을 수 있었다.

● 다음 밑줄 친 인물을 설명에 맞게 고쳐 쓰세요.

1   <u>김만덕</u>은 1919년 3.1만세운동 때 활약한 독립운동가이다. 당시 이화학당에 다니는 여학생이었으며, 3.1만세운동으로 휴교하자 고향인 천안으로 내려가 만세운동을 이어갔다.

_____

2   <u>홍범도</u>는 문화재 수집을 통해 우리민족의 정신을 지키려고 한 인물이다. 일본으로 팔려나가는 많은 문화재를 전 재산을 투자해 사들였다.

_____

3   <u>이윤재</u>는 일제강점기 때 활약한 독립운동가이자 역사가이다. 의열단 선서인 '조선혁명선언'을 썼으며, 우리나라 역사를 연구한 '조선상고사', '독사신론' 등을 썼다.

_____

● 〈보기〉에 나오는 인물을 3명 이상 넣어 문장을 만들어 보세요.

> **보기**   안중근, 윤봉길, 이봉창, 장인환, 전명운, 김원봉

_____

> **보기**   이육사, 한용운, 윤동주, 심훈, 신채호, 박은식

_____

● 다음 빈칸에 알맞은 인물을 넣어 일기를 완성해 보세요.

> 나라를 잃은 지 10년이나 지났다고 한다. 한일병합 때는 3살이어서 기억이 잘 나지 않는다. 하지만 작년에 있었던 3.1만세운동은 잊을 수가 없다. 엄마, 아빠가 꼼짝하지 말고 집에 있으라고 해서 직접 보지는 못했지만 곳곳에서 들려온 '대한독립만세' 소리는 아직도 귓가에 맴돈다.
> 올해도 독립군이 봉오동전투, 청산리전투에서 일본군을 크게 무찔렀다는 소식을 들었다. (   )장군과 (   )장군이 일본군을 혼내주었다고 한다. 독립군이 계속 이겨, 빨리 독립이 되었으면 좋겠다.

1 조선전기 1

❖용어 pick – 용어 사전
호패, 종묘, 간의, 소학, 서당, 조선, 조총, 의병, 투호, 암문, 양반, 중인, 상민, 한양, 서원

❖용어 비교 – 용어 사전
경연, 사림, 향약, 붕당, 사화, 환곡, 방납, 사초, 삼사, 삼포, 육조, 백정

용어 확인
1. 호패   2. 종묘   3. 조총   4. 의병   5. 상민
6. 중인   7. 양반   8. 서원

용어 활용
1. 향교 → 서당
2. 마패 → 호패
3. 사직 → 종묘

조선시대 양인은 양반, 중인, 상민으로 나뉘었다.
사림은 서원을 통해 세력을 형성했으며, 사화로 피해를 입기도 했다.
사림과 관련 있는 단어는 서원, 사화, 붕당이다.

서당

2 조선전기 2

❖용어 pick – 용어 사전
거북선, 사직단, 경복궁, 숙정문, 보신각, 고증학, 호패법, 숭례문, 자격루, 혼천의, 판옥선, 측우기, 천자문, 창덕궁, 집현전, 사대부, 성리학, 경운궁, 통신사

❖용어 비교 – 용어 사전
의정부, 홍문관, 신기전, 봉수제, 직전법, 승정원, 비변사, 소격서, 공명첩, 납속책, 유향소, 칠정산, 현량과, 사간원, 춘추관, 사헌부, 의금부

용어 확인
1. 판옥선   2. 거북선   3. 사직단   4. 사대부   5. 보신각
6. 고증학   7. 호패법   8. 숭례문   9. 자격루   10. 혼천의
11. 측우기   12. 천자문   13. 창덕궁   14. 집현전
15. 성리학   16. 경복궁   17. 숙정문

용어 활용
1. 창덕궁 → 경복궁
2. 종묘 → 사직단
3. 안택선 → 거북선

경복궁, 창덕궁, 숭례문, 사직단 등은 조선왕조가 남긴 대표적인 문화유산이다.
세종 임금 때 자격루, 혼천의, 측우기 등의 과학기기가 만들어졌다.

거북선

3 조선전기 3

❖**용어 비교 - 용어 사전**
경국대전, 난중일기, 농사직설, 병자호란, 사대교린,
삼강오륜, 4군6진, 앙부일구, 노량해전, 수어장대, 남한산성,
정유재란, 임진왜란, 중립외교, 훈민정음, 정묘호란,
한양도성

❖**용어 비교 - 용어 사전**
위훈삭제, 조의제문, 훈구세력, 동의보감, 사액서원,
기묘사화, 중종반정, 암행어사, 소수서원, 조운제도,
이조전랑, 4부학당, 훈련도감

용어 확인
1. 4군6진   2. 남한산성   3. 경국대전   4. 난중일기
5. 정유재란   6. 농사직설   7. 중립외교   8. 훈민정음
9. 병자호란   10. 사대교린   11. 노량해전   12. 임진왜란
13. 정묘호란   14. 삼강오륜   15. 앙부일구

용어 활용
1. 명량대첩 → 노량해전
2. 친명배금 → 중립외교
3. 병자호란 → 임진왜란

세종 임금은 훈민정음을 창제하고 농사직설을 편찬하고 4군
6진을 개척했다.
임진왜란과 정유재란에서 크게 활약한 이순신 장군은 난중
일기를 남겼다.

병자호란

4 조선전기 4

❖**용어 pick - 용어 사전**
한산도대첩, 혼일강리역대국도지도, 동래부순절도,
학익진전법, 삼강행실도, 조선왕조실록

❖**용어 비교 - 용어 사전**
국조오례의, 백운동서원, 6조직계제, 종묘제례악,
향약집성방, 고려사절요, 용비어천가, 몽유도원도,
천상열차분야지도, 동국여지승람

용어 확인
1. 동래부순절도   2. 한산도대첩   3. 혼일강리역대국도지도
4. 학익진전법   5. 조선왕조실록   6. 삼강행실도

용어 활용
1. 조선왕조의궤 → 조선왕조실록
2. 곤여만국전도 → 혼일강리역대국도지도
3. 대동여지도 → 삼강행실도

한산도대첩, 학익진전법, 동래부순절도 등은 임진왜란과 관
련있는 용어들이다.
몽유도원도는 안평대군의 꿈 이야기를, 천상열차분야지도는
하늘의 별자리를 그린 그림이고 동국여지승람은 우리나라
지리책이다.

삼강행실도

5 조선전기 인물

❖인물 pick – 인물 사전
곽재우, 광해군, 선조, 세조, 세종, 소현세자, 이방원, 이성계,
이순신, 인조, 정도전, 신사임당, 허준, 장영실, 허난설헌,
권율

❖인물 비교 – 인물 사전
강홍립, 김종직, 신립, 안견, 이이, 이황, 조광조

인물 확인
1. 곽재우   2. 광해군   3. 선조   4. 세조   5. 세종
6. 소현세자   7. 이방원   8. 이성계   9. 이순신   10. 인조
11. 정도전   12. 장영실   13. 신사임당   14. 허준
15. 허난설헌   16. 권율

인물 활용
1. 숙종 → 세종
2. 정도전 → 정몽주
3. 권율 → 이순신

선조, 광해군, 인조 순서로 왕위가 이어졌다.
임진왜란 때 이순신은 바다에서, 권율은 육지에서, 곽재우는
의병으로 위기에 처한 나라를 구하는 데 힘을 보탰다.

이순신, 권율

6 조선후기 I

❖용어 pick – 용어 사전
군포, 실학, 동학, 민화, 의궤, 서학, 봉기

❖용어 비교 – 용어 사전
예송, 덕대, 송상, 공인

용어 확인
1. 실학   2. 군포   3. 동학   4. 서학   5. 민화   6. 의궤

용어 활용
1. 서학 → 동학
2. 고증학 → 실학
3. 양반문화 → 서민문화

조선후기에는 실제 생활에 도움이 되는 학문을 연구하자는
실학사상과 서양에서 들어온 학문인 서학에 대항한다는 의
미의 동학도 생겨났다.
의궤는 왕실의 중요행사를 그린 그림, 공인은 나라에 필요한
물품 구입을 담당하는 사람, 예송은 예법에 관한 논쟁을 말
한다.

군포

7 조선후기 2

❖용어 pick – 용어 사전
연행사, 광성보, 거중기, 규장각, 단발령, 대동법, 발해고,
별기군, 광혜원, 보부상, 북벌론, 북학의, 수신사, 이양선,
척화비, 풍속화, 개화파, 탕평책, 독립문

❖용어 비교 – 용어 사전
속오군, 당백전, 영정법, 수어청, 전환국, 원납전, 정한론,
중명전, 호포제, 기기창, 보빙사, 박문국, 사창제, 집강소,
균역법

용어 확인
1. 연행사   2. 광성보   3. 거중기   4. 규장각   5. 단발령
6. 대동법   7. 발해고   8. 별기군   9. 광혜원   10. 보부상
11. 북벌론   12. 수신사   13. 이양선   14. 척화비
15. 풍속화   16. 개화파   17. 탕평책

용어 활용
1. 탕평비 → 척화비
2. 영정법 → 대동법
3. 집현전 → 규장각

개화파는 나라의 문을 열자고 했지만 흥선대원군은 이양선
이 나타나 우리나라를 침략하는 일이 벌어지자 전국에 척화
비를 세워 통상수교거부정책을 강화했다.
대동법, 영정법, 균역법은 모두 세금 제도와 관련 있는 정책
이다.
대동법과 균역법 실시로 백성들의 부담이 줄어들었고, 탕평
책 실시로 왕권이 강화되었다.

대동법

8 조선후기 3

❖용어 pick – 용어 사전
갑신정변, 갑오개혁, 경세유표, 모내기법, 수원화성,
신미양요, 목민심서, 병인양요, 사서삼경, 서민문화,
우정총국, 세도정치, 열하일기, 외규장각, 을미사변,
임오군란, 자산어보, 천주실의, 청일전쟁, 탐관오리,
정족산성

❖용어 비교 – 용어 사전
치외법권, 홍범14조, 삼국간섭, 전주화약, 조선책략,
서원철폐, 을미개혁, 대전회통

용어 확인
1. 갑신정변   2. 갑오개혁   3. 모내기법   4. 수원화성
5. 신미양요   6. 목민심서   7. 병인양요   8. 서민문화
9. 우정총국   10. 세도정치   11. 열하일기   12. 외규장각
13. 을미사변   14. 임오군란   15. 천주실의   16. 청일전쟁

용어 활용
1. 삼국간섭 → 세도정치
2. 신미양요 → 병인양요
3. 병인양요 → 신미양요

갑신정변은 우정총국 개국 축하연 때 일어났고, 갑오개혁 때
갑신정변을 일으킨 급진개화파 요구사항이 일부 반영되었
다.
병인양요는 프랑스가, 신미양요는 미국이, 을미사변은 일본
이 일으킨 사건이다.

을미사변

9 조선후기 4

❖**용어 pick – 용어 사전**
운요호사건, 대동여지도, 강화도조약, 급진개화파,
진주농민봉기, 인내천사상, 곤여만국전도, 동학농민운동,
화성성역의궤, 후천개벽사상, 임술농민봉기

❖**용어 비교 – 용어 사전**
노상알현도, 온건개화파, 우금치전투, 거문도사건,
관민공동회, 제물포조약, 조사시찰단, 황토현전투,
고부농민봉기, 백두산정계비, 제너럴셔먼호사건,
위정척사운동, 통리기무아문, 조미수호통상조약,
조청상민수륙무역장정, 통상수교거부정책,
오페르트도굴사건, 노비종모법, 인왕제색도

용어 확인
1. 급진개화파   2. 인내천사상   3. 곤여만국전도
4. 동학농민운동   5.운요호사건   6. 대동여지도
7. 강화도조약   8. 화성성역의궤   9. 임술농민봉기
10. 통리기무아문   11. 위정척사운동   12. 제너럴셔먼호사건

용어 활용
1. 후천개벽사상 → 인내천사상
2. 조청상민수륙무역장정 → 강화도조약
3. 곤여만국전도 → 대동여지도

1862년에는 임술농민봉기가, 1875년에는 운요호사건이,
1894년에는 동학농민운동이 일어났다.
개화파는 개화의 방법을 놓고 급진개화파와 온건개화파로
갈렸고, 영국은 러시아를 견제한다는 명분으로 거문도사건
을 일으켰다.

강화도조약

10 조선후기 인물

❖**인물 pick – 인물 사전**
명성황후, 신돌석, 김옥균, 김만덕, 박지원, 최제우, 홍경래,
정약용, 흥선대원군, 홍대용, 안용복, 정조, 최익현, 김홍도,
김정호, 민영환, 박제가, 서재필, 전봉준, 유득공, 효종,
이승훈, 영조, 고종, 신윤복, 김홍집

❖**인물 비교 – 인물 사전**
김정희, 안정복, 이익, 정선, 양헌수, 어재연, 유길준,
조병갑, 유형원

인물 확인
1. 명성황후 2. 홍경래 3. 정약용 4. 신돌석 5. 김옥균
6. 박지원 7. 최제우 8. 김정호 9. 흥선대원군
10. 홍대용 11. 정조 12. 전봉준 13. 영조 14. 민영환
15. 고종 16. 서재필

인물 활용
1. 정약용 → 유득공
2. 허난설헌 → 김만덕
3. 홍경래 → 최익현

박지원, 박제가, 홍대용은 중상학파 실학자이고 이익, 정약
용, 유형원은 중농학파 실학자이다.
김옥균과 서재필은 개화를 찬성했고 최익현은 반대했다.

전봉준

11 일제강점기 1

❖용어 pick – 용어 사전
신간회, 강제징용, 사회주의, 신사참배, 창씨개명, 대종교,
원불교, 대성학교, 진단학회, 을사늑약, 을사오적

❖용어 비교 – 용어 사전
회사령, 근우회, 가갸날, 일진회, 자치론, 교통국, 중광단,
의열단, 삼균주의, 형평운동, 간도참변, 만주사변, 내선일체,
무단통치, 독립공채, 문화통치

용어 확인
1. 창씨개명   2. 신간회   3. 강제징용   4. 사회주의
5. 신사참배   6. 을사늑약   7. 대종교

용어 활용
1. 신간회 → 의열단
2. 문화통치 → 무단통치
3. 무단통치 → 문화통치

신간회, 의열단, 중광단 모두 우리나라의 독립을 위해 활동
한 단체들이다.
일제는 내선일체, 신사참배, 창씨개명 등을 통해 우리 민족
을 말살하려고 했다.

창씨개명

12 일제강점기 2

❖용어 pick – 용어 사전
봉오동전투, 독립선언서, 조선총독부, 조선태형령,
청산리전투, 한국광복군, 한인애국단, 조선어학회,
헌병경찰제

❖용어 비교 – 용어 사전
자유시참변, 북로군정서, 대한독립군, 신한청년단,
일선동조론, 조선의용대, 원산총파업, 조선상고사,
치안유지법, 신흥강습소

용어 확인
1. 조선총독부   2. 봉오동전투   3. 조선태형령
4. 한인애국단   5. 헌병경찰제   6. 청산리전투
7. 한국광복군   8. 조선어학회   9. 독립선언서
10. 신흥강습소   11. 원산총파업   12. 자유시참변

용어 활용
1. 1929 → 1919
2. 하와이 → 봉오동, 상하이 → 청산리
3. 의열단 → 한인애국단

봉오동전투와 청산리전투는 무장독립군이 일본군을 상대로
싸워 이겼고, 한인애국단의 이봉창과 윤봉길은 일본에 큰 위
협을 가했다.
조선총독부는 헌병경찰제, 조선태형령, 치안유지법 등으로
우리 민족을 탄압했다.

한인애국단

13 일제강점기 3

❖용어 pick – 용어 사전
광주학생항일운동, 국내진공작전, 대한민국임시정부,
물산장려운동, 민족자결주의, 산미증식계획, 3.1만세운동,
서대문형무소, 토지조사사업, 일본군위안부

❖용어 비교 – 용어 사전
국가총동원법, 동양척식주식회사, 민립대학설립운동,
민족말살정책, 105인사건, 병참기지화정책, 브나로드운동,
2.8독립선언, 조선혁명선언, 황국신민화정책, 실력양성운동,
암태도소작쟁의, 6.10만세운동, 조선어학회사건,
파리강화회의, 한일병합조약, 황국신민서사

용어 확인
1. 토지조사사업   2. 대한민국임시정부
3. 광주학생항일운동   4. 국내진공작전   5. 민족자결주의
6. 산미증식계획   7. 3.1만세운동   8. 서대문형무소
9. 물산장려운동   10. 일본군위안부   11. 민족말살정책
12. 병참기지화정책   13. 브나로드운동

용어 활용
1. 산미증식계획 → 토지조사사업
2. 물산장려운동 → 대한민국임시정부
3. 민족자결주의 → 3.1만세운동

일제는 동양척식주식회사와 산미증식계획을 통해 경제적 수
탈을 했고, 서대문형무소에 독립운동가들을 가두었다.

민족자결주의의 영향을 받아 2.8독립선언, 3.1만세운동이 연
이어 일어났다.

산미증식계획

14 일제강점기 인물

❖인물 pick – 인물 사전
김구, 김좌진, 신채호, 안중근, 안창호, 여운형, 윤동주,
윤봉길, 이봉창, 유관순, 이완용, 이재명, 이회영, 전명운,
장인환, 홍범도, 전형필, 조만식, 최현배, 이육사, 한용운,
심훈, 박은식

❖인물 비교 – 인물 사전
이지용, 이근택, 권중현, 박제순, 김원봉, 김익상, 김상옥,
나석주, 백남운, 송병준, 김규식, 방정환, 나운규, 나철,
손병희, 이상재, 지청천, 주시경, 양세봉, 순종, 박승환,
노천명, 나혜석, 이준, 이상설, 이위종, 서상돈, 양기탁,
이인영, 장지연

인물 확인
1. 김구   2. 조만식   3. 최현배   4. 김좌진   5. 윤봉길
6. 이회영   7. 홍범도   8. 안중근   9. 이봉창   10. 안창호
11. 여운형   12. 윤동주   13. 이완용   14. 이재명
15. 이육사   16. 한용운   17. 심훈   18. 박은식
19. 유관순   20. 전형필

인물 활용
1. 김만덕 → 유관순
2. 홍범도 → 전형필
3. 이윤재 → 신채호

김원봉은 의열단에서, 윤봉길과 이봉창은 한인애국단에서
무장독립투쟁을 전개했다.
이육사, 한용운, 윤동주, 심훈 등은 저항시를 통해 우리민족
의 독립을 희망했다.

홍범도, 김좌진

교과서가 쉬워지는
역사 용어(조선시대~일제강점기)

초판 1쇄 발행 2024년 2월 28일

지은이 정상우
펴낸이 임정은
디자인 Wonderland
인 쇄 조일문화인쇄

펴낸곳 (주)SJ소울
등 록 제379-2023-000116호(2008.10.29)
주 소 경기도 성남시 수정구 위례동로 135 신성위캐슬타워 801-23호
전 화 0505-489-3167
팩 스 0505-489-3168
이메일 starina75@naver.com
ISBN 978-89-94199-84-9 44910
　　　978-89-94199-81-8(세트)